战场的

98位
的谋略人生
军事家
（第4卷）

主编◎王子安

The Battlefield!
of Game!

汕头大学出版社

图书在版编目（ＣＩＰ）数据

　　博弈的战场：98位军事家的谋略人生. 第4卷 / 王子安
主编. -- 汕头：汕头大学出版社，2012.5（2024.1重印）
　　ISBN 978-7-5658-0746-6

　　Ⅰ. ①博… Ⅱ. ①王… Ⅲ. ①军事家－生平事迹－世
界－青年读物②军事家－生平事迹－世界－少年读物
Ⅳ. ①K815.2-49

　　中国版本图书馆CIP数据核字(2012)第081303号

博弈的战场：98位军事家的谋略人生. 第4卷
BOYI DE ZHANCHANG：98WEI JUNSHIJIA DE MOULÜE RENSHENG. DI4JUAN

主　　编：王子安
责任编辑：胡开祥
责任技编：黄东生
封面设计：君阅书装
出版发行：汕头大学出版社
　　　　　广东省汕头市汕头大学内　邮编：515063
电　　话：0754-82904613
印　　刷：河北浩润印刷有限公司
开　　本：710 mm×1000 mm　1/16
印　　张：12
字　　数：80千字
版　　次：2012年5月第1版
印　　次：2024年1月第2次印刷
定　　价：55.00元
ISBN 978-7-5658-0746-6

前　言

　　自古以来,中华民族即具有以"圣人立言、家祖立训"的方式来育子、治家的传统。我们的祖先通过编写包含历代圣哲贤人的经典话语与为人处世的故事,家族祖辈的家法家规与训子语录,从而在"父教子、子教孙"的世代教授、相予中,而着力培养子孙后代的德行品质,在"成事先成人、立业先立德"的道德标榜中,塑造着家族的精神与形象。在中国古代,诸如《大学》、《论语》、《四书》、《五经》、《女儿经》、《弟子规》等等,无一例外的都是一种个人道德修养的必修读物。古人期望通过这些华夏民族经典古籍中所记录的有关圣贤们的言行故事,而从中悟出做人的道理,进而使家族的精神、道德得以世代继承,而保持家族的荣光,或永恒昌富,或由贫而贵。在古代,家如此,国亦如此,无论是公立私塾还是皇家太学,对于古代贤者精英的言行道德学习与模仿,始终是王朝教育的一项重要内容。

　　历史发展到今日中国,我们的民族已经进入"崇尚发展个人的价值,崇尚民族的整体精神,复兴中华民族悠久历史文化"的时期,一股股国学浪潮正在蓬勃发展。崇文诵典,重新重视"圣人言""圣人书",已逐步得到推广与民众的认可。尤其是对于今日那些身处大众媒体高度发达、信息资源极端丰富背景下的中国青少年来说,他们一方面由于信息的灵便而可以享受到资讯时代的便捷,另一方面也不可避免地会遭遇到成长时的迷茫。对于青少年成长中的"成长迷茫",是可以通过讲述古人的人生故事、才智故事与人生态度,而给予他们以有益的帮助的,因为"榜样的力量是无穷的"。

　　《博弈的战场——98位军事家的谋略人生》共分五卷,按照"生平简介、童年岁月、教育历程、人生故事、婚姻爱情、人生理念"的结构,详细介绍了98位古今中外著名军事家的点点滴滴。书中精心选取了中国的孙武、曹操、韩信以及西方的亚历山大、拿破仑、恺撒、庞培等98位著名的军事人物,在叙述这些军事人物时,做到了尽量将人物在当时生活环境中所富有的军事天赋一一展现在读者面前,并将它们在军事追求上的坚定信念、务实精神、执着工作均给予呈现,从而使读者体会到他们坚持理想、强烈求知、意志坚强、迎接挑战与勇于创新的人生品质。因此具有很强的知识性、可读性、趣味性,是读者必选的课外读物之一。

当然,在具体到某些个别人物时,由于资料的缺陷而造成编写时并未严格按照"生平简介、童年岁月、教育历程、人生故事、婚姻爱情、人生理念、选文欣赏"的结构去编写,一些人物在文献中的资料缺乏,可能造成讲述该人物时,会显得资料单薄。另外,由于编者水平与时间的有限、仓促,使得此书难免会存在一些不足之处,敬请广大青少年读者予以见谅,并给予批评。希望此书能够成为广大青少年读者成长的良师益友,并使青少年读者的思想得到一定程度上的升华。

2012 年 5 月

目 录

◎ 彭 湃

彭 湃

彭湃（1896—1929年），乳名天泉，学名汉育，无产阶级革命家，广东海丰县城郊桥东社人。出身于一个工商地主家庭。1921年加入中国社会主义青年团，1924年初由团转入中国共产党。中国无产阶级革命家，中国共产党早期农民运动的主要领导人之一，海陆丰农民运动和革命根据地的创始人。被毛泽东称之为"中国农民运动大王"。

1917年初彭湃去日本留学。1921年回海丰组织"社会主义研究会"，不久加入中国共产党。1921年10月彭湃在海丰县赤山建立中国第一个农会。1923年在海丰组织农会。次年到广州，任中共广东区委农委书记，从事农民运动讲习所的组织和教学工作。1925年任广东第一届农民协会副委员长。1927年3月到武汉任中华全国农民协会执行委员，同年参加南昌起义。起义失败后领导海陆

丰第三次武装起义。

1927年8月1日彭湃参加了南昌起义，任中共前敌委员会委员。在"八·七"会议上当选为临时中央政治局候补委员。11月领导海陆丰武装起义，任海陆丰工农民主政府委员长和中共东江特委书记。1927年5月主持召开海陆丰工农兵代表大会，建立中国第一个苏维埃政权：海陆丰苏维埃。1925年7月，在中共第六次全国代表大会上当选为中央政治局委员。同年冬任中央农委书记兼江苏省委军委书记，被誉为中国农民运动的领袖。

1928年在中共"六大"当选为政治局委员。初冬，前往上海任中共中央农委书记兼江苏军委书记。1929年8月24日，因叛徒白鑫出卖而被捕，30日在上海龙华与杨殷、颜昌颐、邢士贞4人同时英勇就义，时年仅33岁。其著作编为《彭湃文集》。

地主阶级的逆子

作为我党早期的革命领袖，彭湃的可贵之处在于对农民运动的贡献。他是农民运动的开拓者和理论家，在发动农民、组织农民、武装农民反抗剥削压迫、进行土地革命、建立农村根据地等方面进行了大量的实践，为我党积累了丰富而宝贵的经验。毛泽东曾称赞彭湃是"农民运动的大王"。

彭湃于1896年出生于广东海丰县有名的大地主家庭。但以救国救民、变革社会为己任的彭湃，最终却背叛了自己的家庭，领导农民同地主阶级做斗争。为此，家里人痛呼"祖上无德"，骂他为"逆子"。据彭湃自述："男女老幼都是恨我入骨，我的大哥差不多要杀我而甘心。"为怕他"败家"，家中兄弟分产自立。彭湃就此把自己分得的田契亲自送给佃户。佃户不敢要，他就把佃户们召到自己家里，当众将田契全部烧毁，并宣布"日后自耕自食，不必再交租谷。"

为寻求真理，彭湃东渡日本求学，并于 1918 年 9 月就读于早稻田大学政治经济科。期间，他开始接受社会主义思想，学习《共产党宣言》《社会主义问题研究》等书刊。1921 年，彭湃回国后在广州加入社会主义青年团，后又在海丰发起组织"社会主义研究社""劳动者同情会"。他在《告同胞》一文中指出必须进行社会革命，破坏私有财产制度，实现社会主义。

彭湃逐渐认识到发动工农的重要，下决心到农村去做实际运动，走上了一条崭新的革命道路。初到农村，农民们以为他是来讨账的士绅或收税的官吏，躲着他。后来他戴上竹笠，光着脚板，带着旱烟筒，用通俗的语言与农民交谈，逐渐被农民所接受。1922 年 7 月 29 日晚上，彭湃与另外 5 位农民组成一个 6 人秘密农会，迈出了海丰农民运动的第一步。1923 年元旦，海丰总农会宣告成立。这标明我国新民主主义革命时期的农民运动进入有纲领有领导的新阶段。不久，广东省农会成立，彭湃被推选为执行委员长。

彭湃是最早建立农民武装，保卫和促进了农民运动发展的领导人。1924 年 10 月，彭湃领导成立了广宁农民协会，建立了县农民自卫军。之后指挥农民自卫军和孙中山大元帅府的铁甲车队取得了对地主武装斗争的胜利，有力地推动了当地的减租运动。彭湃还注意从理论上总结农民运动的经验，指导农运深入发展。1926 年，他写的《海丰农民运动报告》开始

在国民党中央农民部主办的《中国农民》上连载。这是我党历史上第一部关于农民运动的专著。

1927年3月，中华全国农民协会成立。彭湃和毛泽东、方志敏等13被选为执行委员，担负起领导全国农民运动的重任。彭湃和方志敏等支持毛泽东提出的重新分配土地的主张。10月30日，在中共东江特委的领导下，海陆丰农民为了反抗国民党的屠杀政策，举行第三次起义，赶跑了国民党反动派，夺取了政权。随后，彭湃受派从香港回到海陆丰，负责筹建工农兵苏维埃。11月13日和18日，陆丰和海丰先后召开工农代表大会，宣告海陆丰工农兵苏维埃建立。这是中国第一个红色政权，尽管在敌人的疯狂反扑下海陆丰苏维埃政权只坚持了四个月，但它为以后红色政权的建设在理论和实践上积累了经验。

1929年8月24日下午，时为中央政治局委员、中央农委书记兼江苏省军委书记的彭湃，到上海新闸路经远里参加江苏省军委的会议。因叛徒白鑫告密，彭湃等被捕。在狱中，他连遭毒刑，腿部骨折，坚贞不屈。8月30日，蒋介石亲自下令，在龙华警备司令部内枪杀了彭湃等同志。

彭湃是我党早期卓越的领袖。他被捕后，中央军委书记周恩来当即决定派人在敌人押送彭湃的途中截车。可惜负责运枪的人没有及时把手枪上的润滑油擦去，等大家找来煤油将枪洗净，再装扮成拍摄电影外景的队伍赶到预定地点，已经错过了时间。彭湃牺牲后，周恩来含泪起草告人民书：《以群众的革命斗争回答反革命的屠杀》，同时下令"一定要把叛徒白鑫干掉！"1929年11月11日晚上11时许，正当白鑫准备离开上海到南京躲避时，中央特科人员在霞飞路将其击毙。

彭湃诗歌欣赏

（一）起义歌

我们大家来起义，

消灭恶势力！

如今大革命，

反封建，分田地，

坚决来斗争，

建设苏维埃！

工农来专政，

实行共产制，

人类庆大同，

无产阶级世界革命，

最后成功！

（二）田仔骂田公

冬冬冬！田仔骂田公：

田仔做到死，田公吃白米。

冬冬冬！田仔打田公。

田公唔（不）知死，田仔团结起。

团结起来干革命，革命起来分田地。

你分田，我分地；

有田有地真欢喜，免食番薯食白米。

冬冬冬！田仔打田公。

田公四散走，拿包斗

包斗大大个，割谷免用还。

（三）歌一首

无道理，无道理，

死了一个人，

吃饱通乡里。

太不该，太不该，

地主来讨债，

孝子哭哀哀！

真可恼，真可恼，

生做个穷人，

死不当只狗。

莫烦恼，莫烦恼，

大家合起来，

打倒地主佬！

打倒地主分田地，

千家兴，

万家好。

彭湃故居

彭湃故居坐落在广东省汕尾市海丰县海城镇桥东社龙津河畔，其坐北向南，面临龙津河。彭湃故居始建于清末，主楼两层，面宽三间12.9米，进深10.9米，前廊仿西式建筑，风火式山墙，总建筑面积266平方米，彭湃同志在此度过了童年和青少年时代。彭湃的书斋"得趣书室"就在故居东侧。由于彭湃投身革命运动，彭家的家财家产和故居，都为革命作过贡献，第一代东征到过海丰后，周恩来同志和东征军的苏联军事顾问鲍罗廷、加伦曾在此住宿、工作。

原屋毁于1925年6月，1986年按原貌修复。故居东侧得趣书室，原是彭湃的书室。面宽三间，风火山墙，建筑面积96平方米。1922年夏，彭湃同志与妻子蔡素屏搬到这里居住，并在这里组织了六人农会小组。第一次东征时，周恩来曾在此帮助建立中共海陆丰特别支部。中共海陆丰地委刚成立时也在这里办公。1928年3月被国民党军队烧毁，1958年按原貌修复。彭湃故居门前的龙舌埔旧址，原是一快长方形宽阔坪。1923年元旦，成千上万的农民聚集在这里庆祝海丰总农会成立。此后许多重要的集会都在这里举行。1927年冬，海丰苏维埃政权成立后，在这里举行数万人参加的群众大会，焚烧田契471088张，租簿58027本。它是海丰农民运动和革命斗争的历史见证。

◎ 宋哲元

宋哲元（1885—1940年），字明轩，民国时期著名将领，山东东陵县人。乳名宋室，字明轩，汉族，山东乐陵县赵洪都村（今属乐陵市）人。酷爱读书，敦厚沉毅、不苟言笑、处世谨慎，生活简朴、作风朴实，尊重文化，爱护人才，他治军严谨，作战勇敢，为西北军五虎之一，冯玉祥对他十分赏识，称赞他"勇猛沉着"，"忠实勤勉"，"遇事不苟"，"练兵有方"。

宋哲元

青年时宋哲元入冯玉祥部队，历任团长、旅长、师长。1926年秋冯玉祥响应国民革命军北伐，任命宋为北路军总指挥。1927年又被武汉政府任命为陕西省政府主席。中原大战中，宋哲元作为西北军将领，领衔通电反蒋，后张学良通电主和，国民政府将西北军改编为陆军第二十九军，宋哲元为军长。

"七七"卢沟桥事变后，宋哲元发誓"宁为战死鬼，不做亡国奴"，激励所部，奋勇杀敌。宋哲元长年率军督战，日夜劳瘁，肝病复发，遂于

1940年3月辞职离军改任军事委员会委员，到西安蔡家坡休养，途中行至其夫人常淑青的家乡四川绵阳，病情加重，医治无效，1940年4月5日病逝于绵阳。遗体安葬于绵阳富乐山，冯玉祥、沈尹默、于右任为墓碑题词。朱德和彭德怀联名挽联"一战一和，当年变生瞬间，能大白于天下；再接再厉，后起大有人在，可勿忧乎九泉。"

"军中赵子龙"

宋哲元在华北艰难维持，在日寇猖獗、东北沦陷、南京默然、二十九军兵力不足的严峻形式下坚持民族大义，终于打响抗战第一枪，功不可没。因制造"凤翔大屠杀案"和与日本"弱性"外交而遭唾骂，但以喜峰口大捷而一雪前耻，因卢沟桥奋起抵抗日军而彪炳史册。

宋哲元的父亲宋釜（字湘及）为清末廪生，学识广博，以才学称誉乡校，然因业师遭文字狱而受株连，终身不得做官，而又不通农事，家境艰难，成婚后便外出谋生；母亲沈氏颇贤良，宋哲元居长，共兄弟三人，还有两个妹妹。1887年，宋哲元随父母投奔后颜村舅舅沈兰菜家定居，宋湘及因生活所迫外出奔波教馆，宋哲元与母亲相依为命，靠纺线织布出售勉强维生，艰难度日。1891年开始，宋哲元随父亲去家馆陪读，读书识字，对欺侮穷人的事往往非常愤恨。1893年，宋湘及到广西任桂林太守幕宾，宋哲元到舅舅沈兰菜的塾馆继续读书。1897年，宋湘及到直隶盐山县旧县

镇西南院刘家教家馆,宋哲元随父就读。1898 年宋湘及到北京教私塾,宋哲元随之到京,并开始习武练拳,参照民间武术书籍,早晚舞棍弄棒。1900 年 8 月八国联军攻陷北京,宋哲元父子无奈之下回乐陵原籍。1901 年,宋哲元因生活所迫在家乡教私塾,此间体恤贫苦学生,受到乡亲称誉。

1905 年,宋湘及被陆建章聘至曹州参与戎机。1907 年春,宋哲元复到北京,考入北洋陆军第六镇随营武备学堂,并于第六镇第十一协第二十二标第二营补名额,同年冬考升丙班学长。1910 年冬,宋哲元从武备学堂毕业,在本镇见习。1911 年春随北海镇总兵陆建章到广东,任中军处委员。1911 年 10 月武昌起义爆发,12 月陆建章调任京畿执法处处长,宋哲元回京任稽查员,认识了冯玉祥。

1912 年 3 月袁世凯就任临时大总统,宋哲元任左路备补军(统领陆建章)前营(管带冯玉祥)前哨哨长,驻防北苑。1913 年 8 月任京卫军左翼第一团(团长冯玉祥)第一营前哨哨长。1914 年 4 月陆建章任剿匪督办,以冯玉祥为左翼第一旅旅长兼第一团团长,宋哲元任第二团第一营营副,随冯征剿"白狼",转战河南、陕西。8 月白狼军失败,9 月第十四旅扩编为第十六混成旅,宋哲元仍任副营长,11 月开赴汉中。1915 年 5 月随冯玉祥入川,升为第一团少校团副。1916 年 1 月 1 日,宋哲元在四川绵阳与常淑青结婚,由冯玉祥主婚。3 月改任新兵团营长,到河南招募新兵,未成,4 月 20 日授陆军步兵少校,6 月 6 日袁世凯死,第十六混成旅奉命回驻廊坊,沿途招募新兵成四个营,宋哲元任第二团第一营营长。

1917 年 7 月 11 日,宋哲元跟随冯玉祥率部进攻北京,讨伐张勋复辟,宋营进展神速,最先攻入永定门占领天坛。11 月广东护法军北征,第十六

混成旅奉命援闽，到浦口按兵不动。1918 年 2 月北京令第十六混成旅改道援湘，6 月率部随冯玉祥驻常德，11 月参加整训，期间剿灭了在桃园作乱的"红衣神兵"。1920 年 8 月第十六混成旅开回汉口以北，11 月移防信阳。1921 年 7 月参加攻打陕西督军陈树藩。1922 年 2 月 23 日升任第十一师第二十二旅步兵第四十三团团长。5 月随冯玉祥大战河南督军赵倜。10 月 31 日冯玉祥调任北京政府陆军检阅使，11 月 3 日冯全军离豫，移驻北京南苑。11 月 20 日，宋哲元授为陆军少将。1923 年 10 月 4 日任第二十五混成旅旅长（当时冯玉祥部有五位旅长，第七混成旅张之江、第八混成旅李鸣钟、第二十五混成旅宋哲元、第二十二旅鹿钟麟、第二十一旅刘郁芬，人称为"五虎将"，宋哲元被拟为赵子龙），12 月 21 日授将军府将军。1924 年 9 月 4 日第二次直奉战争爆发，10 月 23 日宋哲元参加了北京政变，列名《主和通电》，任国民一军手枪旅旅长。1925 年 1 月 4 日代理国民一军第十一师师长，兼教导团长，辖第二十一旅（旅长佟麟阁）、第二十二旅（旅长陈毓耀），5 月 5 日授为陆军中将。11 月 22 日郭松龄反奉，30 日热河都统阚朝玺退回奉天，宋哲元师乘机进占承德。12 月 4 日被任命为热河都统（宋哲元任热河都统时，首先安抚或镇压了各割据势力的杂牌军队，安定社会。又废止了奉军张作霖滥发的纸币，稳定了金融、市价。兴办军械厂，可以小批量仿制德国毛瑟 20 响驳壳枪。他清吏治，修公路，倡导造林、开矿、开垦、放牧。多方筹措了七十余万元教育基金，用于基础教育。在他管辖的地区内，偷盗鲜见，社会平安。人们特别感戴他治理有方。在他离开热河时，群众拉着他的车，舍不得让他走，以致汽车一天也没开出几十里地），兼西北军骑兵总司令。12 月 8 日冯玉祥和李景林爆发战争，张之江进攻不利，20 日冯玉祥调李鸣钟和宋哲元来援，22 日突破

李景林军战壕，占北仓，24 日占领天津，李景林乘日本军舰逃往青岛。

1926 年 1 月 1 日冯玉祥通电下野以转移视线，4 日冯玉祥再电段祺瑞辞职，以职权交张之江，即离张家口赴平地泉，准备经蒙古赴俄，并以宋哲元任热河司令，宋哲元就任热河都统。1 月 27 日，张之江、李鸣钟、鹿钟麟、宋哲元、刘郁芬等通电否认国民军"赤化"，也未能阻止吴佩孚和张作霖的联合进攻，2 月各系军阀联手进攻北京地区的国民军，宋哲元奉命去张家口和张之江、鹿钟麟等人经营冀察绥晋边界地区防务，以备不测。4 月 6 日汤玉麟占领热河，国民军宋哲元退察哈尔，15 日国民军撤出北京，主力退守南口，宋哲元任北路军总指挥，28 日宋由多伦行抵张垣，与张之江鹿锺鳞协商防守问题。5 月 6 日任国民军第二军军长、西路军总指挥，18 日开始向晋军进攻，宋哲元任国民军西路总司令，主晋北进攻军事，一度攻克大同，进逼雁门，直、奉各方军阀加强进攻，战事激烈。7 月 19 日奉军第十军副军长戢翼翘占多伦，宋哲元率军回援，晋北战事暂时缓和。8 月 14 日，国民军因寡不敌众放弃南口，各将领自寻出路，宋哲元率部退到绥远。9 月 17 日，宋哲元参加了"五原誓师"，10 月初被任命为驻宁军总司令，在宁夏统筹军实，兼暂编第一师师长。

大刀进行曲

1933 年 1 月 1 日日军攻榆关，热河危急，2 月 18 日宋哲元通电全国，决心抗击日军，奉命开赴北平附近参加长城抗战，任第三军团总指挥，防守冀东。3 月 4 日承德失守，长城告急，第二十九军紧急增援喜峰口，9 日冯治安、张自忠师开始与日军在喜峰口接触，11 日宋哲元部赵登禹、王治邦旅之大刀队夜袭喜峰口外潘家口附近之日军一个炮兵中队，大获全胜，13 日日机十二架炸喜峰口我军阵地，14 日二十九军克复喜峰口外老婆山，3 月 15 日喜峰口敌军被迫后撤，报纸上宣称 29 军先后歼敌五千有余，"喜峰口抗战大捷"的战绩轰动了全国，宋哲元特意写了"宁为战死鬼，不做亡国奴""有进无退，死而后已"两幅条幅，立即被多家报纸制版刊载，成为传诵全国的壮语，对全国人民起了激励作用。3 月 16 日喜峰口日军袭罗文峪，二十九军再战血洗罗文峪，17 日罗文峪日军受挫，19 日罗文峪激战再起，宋哲元到保定谒蒋介石，20 日北返，21 日喜峰口继续激战，25 日喜峰口宋哲元军克复半壁山。4 月 7 日宋哲元电辞察哈尔省府主席，8 日中央慰留，宋旋赴津。4 月 11 日冷口及建昌营失守，喜峰口敌人南侵，第二十九军陷于腹背受敌、孤立无援的境地，13 日第二十九军奉命撤出阵地，14 日喜峰口敌人攻滦阳，宋哲元军苦战，17 日喜峰口日军进犯撒河桥，22 日宋哲元自北平赴遵化前线，24 日宋哲元部收复滦阳，日军撤出喜峰口，长城抗战结束，二十九军"大刀队"名扬天下，宋哲元等将领成为抗日英雄。1935 年，以喜峰口血战为背景创作的《大刀进行曲》唱遍了全中国。

血战喜峰口

日本帝国主义自发动"九·一八"事变，侵占我国东三省之后，本着蚕食中国以至最后独占中国的既定方针，加紧作侵略华北的准备。1932年日本帝国主义在制造伪满洲国的同时，即大造"热河为满洲国土""长城为满洲国界"的舆论，并集中优势兵力在东三省境内疯狂镇压抗日义勇军，以解除它侵热的后顾之忧。

1933年元旦，日军故意在榆关制造事端，随即炮击临榆县城。我国驻临榆的东北军第九旅何柱国部官兵忍无可忍，奋起还击，揭开了长城抗战的序幕。国民党政府唯恐事态扩大，不肯支援，3日，榆关失陷，城内商号、民房毁于日军炮火者500户以上，民众歹匕伤千余人。日军占榆关后，于10日占九门口，接着向锦州、通辽、绥中等处集结兵力，准备三路进攻热河。

面对11军的侵略，中华苏维埃临时中央政府和工农红军革命军事委员会于1月17日发表宣言，提出在立即停止进攻苏区、保障人民的民主权利和立即武装民众的三个条件下与国内任何军队订立抗日的作战协定。平津沪等大城市的工人、学生、商人，各地民众团体、爱国将领纷纷通电要求抗日，就连一些参加"剿共"的国民党军将领也不断请缨。但国民党政府仍幻想国联的所谓对日制裁，而不作认真抵抗的准备。日军便于2月下旬以第六、第八两师团向热河进犯，守军万福麟等部纷纷溃退。日军所到之处，奸淫、烧杀、抢掠，无恶不作。3月3日，热河省主席兼第五军团总指挥汤玉麟闻平泉失陷，即率部弃省会承德西逃丰宁。4日午时，日军先头部队128名鬼子不费一弹即占领承德。

热河旬日之间为日军侵占，全国人民极为悲愤。蒋介石在全国同声谴责下，竟将丢失热河的责任转嫁北平军分会代委员长张学良身上，迫张引咎辞职，由军政部部长何应钦取而代之。为给何应钦的嫡系部队及应付群众的舆论，调了中央军第二师（师长黄杰）、二十五师（师长关麟征）和八十三师（师长刘戡）三个师北上，统由第十七军军长徐庭瑶指挥。

日军占承德后，随即分兵攻击长城各口。3月4日，日服部旅团从凌源出发占冷口。6日，为晋军三十二军黄光华师夺回。9日，服部、铃木两旅团联合先遣队进犯喜峰口，占领北侧长城线山头。驻遵化西北军二十九军宋哲元部一○九旅旅长赵登禹派王长海团急往救援。官兵们抱国耻奇痛，组大刀队500名于晚间潜登日军所占山头，出其不意地将山头日军砍毙。大刀队亦多数壮烈牺牲。次日，日主力部队抵达，下令三日内攻下长城各口。其步兵在飞机、大炮掩护下向喜峰口、古北口等处全线猛攻。时二十九军主力部队亦相继抵达赵登禹率部伏处各峰峦幽僻处，待敌炮火暂戢，敌兵临近时，蜂拥而出，用大刀砍杀。赵负伤，仍督战，士兵更英勇，给敌以重创。同日，中央军关麟征部开抵古北口，官兵们激于爱国热情，与东北军王以哲部共同抵御日军第十六旅团的进攻。11日晚，赵旅与佟泽光旅分两翼绕敌后，占领日炮兵阵地，毁其大炮18门，烧其辎重粮秣。经过几天战斗，古北口方面国民党中央军三个师轮番上阵，遭受重大伤亡，12日退守南天门阵地。而喜峰口方面，日军虽多次进攻，终未得

逞，14日后撤至半壁山。其后，日军在罗文峪、冷口分别发动过几次进攻，均遭守军抵御而未达目的，最终取得喜峰口大捷。

1937年7月7日深夜，驻卢沟桥附近的日军在进行军事演习时，诡称一士兵失踪，强行进入宛平县城搜查，并以此为借口，炮轰宛平城，进犯卢沟桥，挑起了蓄谋已久的全面侵华战争。当宋哲元在老家得知卢沟桥事变的消息后，极为气愤，一面用密电向南京谋求应变方略，一面电令前线将士"扑灭当前之敌"，准备返回前线。7月11日，宋将军携全家乘火车启程回津，就在这时，日军在其必经之地丰台车站铁轨下埋下定时炸弹，妄图将宋炸死。值得庆幸的是，火车过了丰台站后，炸弹才爆炸，宋将军安然无恙。

宋哲元遗嘱

哲元自长城战役，待罪平津，忍辱负重，委曲因应，以不丧权、不辱国自矢，以不说硬话，不作软事自信，处特殊形势之下，受各方责难之中。"七七"变起，奋然应战，师长赵登禹、副军长佟麟阁均在南苑殉国。是月二十八日，奉电赴保定指挥，旋命移师津浦，扼守徐州。保定沦陷，回师平汉，转战冀豫，亘时将年。二十七年夏，奉第一战区副司令长官之命，驻防郑州，感受重病，莅汉，入请优给假期，易地治疗。复拜军事委员会委员之命，荏苒至今。时冀病体康复。得偿报国素志，乃医药罔效，势将不起。

伏念抗战为我民族生存，不受侵略之坚决主义，则军事第一，胜利第一，应以练兵筹饷决策定谋为要着；有力出力，有钱出钱，应以推行善政培养民生为要着；人才集中，力量集中，应以精诚团结，意志一途为要着。合我全民之智力、人力、物力与暴敌争生命，则一切军事无关之事应缓应急，可并可省。尤应奖励廉耻，激扬忠孝，推任贤能，显拔幽微，亲平等待我之友邦，灭武力横暴之寇仇。

现抗战已将 3 年，敌方势穷力绌，我则愈战愈强，最后胜利已操左券。旧部诸将追随有年，集各地方之智力，经数十年之实习，皆诚朴忠实，尽心报国，当能在领袖领导之下努力破敌。哲元分属军人，生受各教，事不求易，遇竟违心。当兹国难，适值数穷，吾知勉夫，从此别矣。家有老母，年已古稀，未获侍养，恐致丧明，此心耿耿，他无念虑。但愿还我山河之时，有人酹酒相告，则哲元虽死之日，犹生之年。伏枕告言，不知择词。

身后的评价

宋哲元是一个相当复杂的人物，他内心爱国意识和军阀意识同样强烈，常使他陷入激烈的思想斗争中。宋哲元有根深蒂固的军阀割据思想，在平津的所作所为，一半是为日本人所迫，一半仍是希望建立一个独立王

国，搞军事割据。蒋介石对他花过大力气拉拢，但宋哲元最终还是不肯投怀送抱。卢沟桥事变以后，宋哲元口口声声要为冯玉祥的西北军留点底子，反映出他内心深处冯玉祥始终高过蒋介石。当时的形势，蒋介石已经实现统一，顺我者昌，逆我者亡，西北军多少将领与时俱进，投靠蒋介石，宋哲元对冯玉祥的一片忠心令人慨叹。

◎ 蒋光鼐

蒋光鼐（1887—1967 年），又名憬然，广东东莞人。1913 年毕业于保定军官学校。曾任国民革命军师长，第十一军副军长，参加北伐和中原大战，后任十九路军总指挥，淞沪警备司令。1932 年，日军制造"一·二八"事变，进犯上海。当时驻守上海的中国军队为第十九路军，蒋光鼐担任最高指挥官。在全国人民抗日高潮和中国共产党抗日救国号召的影响和推动下，十九路军全体将士士气高昂，决心抗击日寇，保卫上海。

蒋光鼐

蒋光鼐召开十九路军营以上干部紧急会议，布置应战的方案和措施，要求随时做好战斗准备。入夜，日军以铁甲车为前导，兵分 5 路进攻闸北，十九路军奋勇抵抗，当即予以迎头痛击，著名的淞沪抗战由此开始。日军凭借陆海空三军优势，气势嚣张，对我军阵地及民宅、商店狂轰滥炸，发

动了四次总攻，却均遭败绩，四易主帅，死伤累万。中国军队在武器装备落后的情况下，以誓死牺牲的精神，组织敢死队与敌白刃肉搏数十次，冲锋陷阵，奋战月余，予故重创。

十九路军的英勇抗战，鼓舞了中国军队的爱国热情，张治中将军率领第五军护达上海增援助战。上海各界、全国人民和海外侨胞展开轰轰烈烈的支前运动，给予十九路军大力支援。淞沪抗战，沉重打击了日本帝国主义的侵华气焰，弘扬了中华民族的爱国主义精神，鼓舞了全国人民的抗日斗志，为以后的全面抗战提供了宝贵的经验教训。

淞沪抗战后，蒋光鼐调福建任省主席兼绥靖公署主任。1933 年与李济深、陈铭枢、蔡廷锴等发动反蒋政变，任"中华共和国人民革命政府"财政部长，失败后去香港。1935 年联合十九路军将领通电反蒋，主张联共抗日。1946 年参与发起组织中国国民党民主促进会。1949 年，蒋光鼐出席中国人民政治协商会议第一届全体会议。建国后，历任广东省政府委员，纺织工业部部长，第一、二、三届全国人大代表，全国政协第一届常务委员，民革第二、三、四届中央常委。

虽是书生亦从军

蒋光鼐的家庭是破落的书香门第，父亲和祖父都是读书人。他小的时候，也以读书为乐趣，有心继承家业。可是后来，他看到国家的危难和清朝政府的腐败，就产生了革命救国的愿望，在学校里秘密地加入了孙中山领导的同盟会。不久，父母亲都得了重病，母亲临终前嘱咐蒋光鼐"弃文从武"，这对蒋光鼐一生有着极大的影响。母亲去世十天后，父亲也去世了。

父母相继去世后，家道日衰，年方14岁的蒋光鼐开始自己寻求出路。1904年，他以优异的成绩为东莞师范学堂录取，成为供给食宿的师范生。1906年，位于黄埔的广州陆军小学第二期招生，他与同窗好友张廷辅、袁煦圻等一起报名应试，被录取。经同学陈铭枢介绍，蒋光鼐在入学后不久就加入了同盟会。

1909年，蒋光鼐自陆军小学毕业，升入南京第四陆军中学。1911年10月10日，武昌新军发动起义的消息传到南京后，南京第四陆军中学的同盟会会员们立即筹备起事。因校方藏匿武器，学生们认为赤手空拳难以成功，遂决定到武昌参加起义队伍。蒋光鼐、李章达、袁煦圻、张廷辅及江苏陆军小学的陈果夫等在第一批，由陈铭枢带队，于10月下旬到武昌都督府报到。他们被编为中央第二敢死队，第二天即参加了汉口龙王庙的登陆作战，失利后撤回武昌。

11月16日，黄兴亲自指挥发起对汉口的总攻，蒋光鼐作为总司令部的督战队员，随第三路义军从汉阳向汉口进攻，但因一、二路义军未予配合，战斗失利。蒋光鼐退到汉水岸边时，浮桥已被挤断，不少士兵坠落水中，他幸运地搭上最后一条接运小船，返回汉阳。

进攻受挫后，有些学生萌生退意，不辞而别，蒋光鼐则留下来坚持战斗。先在汉阳阻击清军，汉阳失守后转移到武昌，继续与清军对峙。

南北和议签订后，南京临时政府于1912年元旦成立，随即开始遣散军

队。蒋光鼐恰好收到保定陆军军官学校第一期的入学通知书，得以继续学习。在报到前，他回到家乡，与同县大宁乡的谭妙南结婚。婚后不久，他就进入保定军校骑兵科学习。

1913年6月，江西李烈钧准备讨袁的消息秘密传到保定军校，蒋光鼐与同学张廷辅、季方等30多人毅然离开学校，奔赴江西。李烈钧就任讨袁军总司令，通电全国，讨伐袁世凯，正式掀开"二次革命"的序幕。李烈钧委派方声涛为右翼军司令，蒋光鼐为右翼军司令部少校参谋。讨袁军因寡不敌众，被袁军击溃，蒋光鼐与同学张廷辅随一群溃兵沿小路退入福建，历尽艰辛到达福州，又乘船到上海。1913年底，他与张廷辅通过关系，在一艘开往长崎的货轮上充当锅炉工，平安抵达日本。

当时，黄兴、李烈钧等在东京郊外的大森创办一所军事学校，收容流亡海外的革命同志，加以培训，作为回国与袁世凯抗争的基本力量。为掩人耳目，称为"浩然庐"，由殷汝骊主持。蒋光鼐与张廷辅从长崎到东京后就进入"浩然庐"学习，与他们同时学习的还有陈铭枢、胡景翼、吕超等近百人。

1915年初，国内搜捕革命党人的风声已较为缓和，蒋光鼐在春节前回到久违的故乡，看望新婚不久即离别的妻子与尚未谋面的儿子。这时家徒四壁，三位兄长相继故世，姐妹也已出嫁，家中只有还未成亲的弟弟，妻儿全靠岳父家的接济，勉强度日。但他迫于形势，仅停留了20来天，就又怀着对亲人的歉疚匆匆离去。

蒋光鼐与张廷辅、李章达三人离开家乡到香港，在九龙塘边租住一间木屋，靠种植与贩卖花卉来维持生活。后经袁煦圻协助，他们出版一份宣传革命、声讨袁世凯的《平民日报》，当时颇受民众欢迎。

1916 年春，蔡锷等人在云南发起护国运动，起兵北伐。李烈钧则统率护国滇军第二方面军挥师广东驱逐龙济光。蒋光鼐等 4 人绕道越南，进入广西参加护国军。他被派到老上司方声涛手下，担任第二梯团少校参谋。在向广东进军途中，传来袁世凯在北京病死的消息，护国军士气大振，顺利进抵广州。但到达广州后，蒋光鼐发现龙济光虽已被赶走，但广东的实权却落在广西军阀陆荣廷手中。在颇感心灰的情况下，蒋光鼐与好友李章达、张廷辅、袁煦圻一起住进六榕寺大梅堂，拜师学佛。不久，陈铭枢也来与他们一同学佛。

在六榕寺期间，他们跟随主持铁禅法师学习佛教经典，并起了法号，如李章达号"南溟"，陈铭枢号"真如"，蒋光鼐则为"憬然"，因"憬"与其原名"煚"古音相同，且隐喻了对人生的感悟，故后来他一直以"憬然"为字。

1917 年 9 月，国会非常会议选举孙中山为中华民国军政府大元帅，以方声涛为大元帅府卫戍司令。蒋光鼐离开寺院，出任警卫营第一连少校连长，后改任参谋。孙中山组建援闽粤军时，以陈炯明为司令，蒋光鼐任少校参谋。1919 年 6 月，他随朱执信到香港设立讨桂办事处，配合援闽粤军回粤的军事行动。

1920 年夏，蒋光鼐受朱执信派遣，与统率四营肇军驻守阳江的陈铭枢联络，将部队开赴虎门。但不幸的是，朱执信却在调解虎门驻军与民团的纠纷中遇害。

1921 年 5 月，孙中山就任中华民国"非常大总统"，组建总统府警卫团，蒋光鼐调任警卫团少校副官。1922 年 6 月，他升任警卫第二团中校团附。6 月 16 日陈炯明炮击总统府时，蒋光鼐率队参加保卫总统府的战斗。

后他又受孙中山委派，到香港等地去招抚被打散的官兵。

返回广东后，蒋光鼐调任第2旅第4团第3营营长。但在未到任之时，却听到该营连长蔡廷锴弃职而去的消息。原来蔡廷锴是该营资历最老的连长，又战功卓著，故在营长升迁后，全营官兵都认为他会升任营长，已经纷纷祝贺，当得知从外面调蒋光鼐为营长时，蔡大出意外，一气之下遂弃职而去。不过，蒋光鼐上任后，很快就以自己的能力与处事公正、待人宽厚的态度得到部属的拥戴。

1923年8月，蒋光鼐升任第1师补充团团长。1924年1月，孙中山改组粤军，他调任建国粤军第1师第1旅第2团团长，曾经出走的蔡廷锴被任命为第2团第1营营长，从此开始了他们长达数10年的合作经历。

1924年11月，孙中山应冯玉祥的邀请，北上共商国是。盘踞广东北江一带的军阀陈炯明乘机起兵，广东军政府发动第一次东征。蒋光鼐率领第2团充当全军前卫，屡败敌军。

1925年3月12日，孙中山在北京因病去世，广东革命政权失去最有权威的领导人。受命担任东征左翼军和中路军总指挥的滇桂军阀杨希闵、刘震寰不仅按兵不动，而且与叛军相互勾结，率部发动叛乱。6月，蒋光鼐奉命率部与其他东征军星夜赶回广州，平定叛乱。7月1日，广州国民政府成立，随后成立的国民政府军事委员会决定重新编组国民革命军。原建国粤军第1师扩编为第4军，由李济深任军长，陈铭枢为第十师师长，蒋光鼐任副师长兼第28团团长。8月20日，国民党主要领导人之一的廖仲恺遇刺身亡。在追查凶手过程中，国民党元老胡汉民因涉嫌而被派赴苏俄"养病"，粤军总司令许崇智被逼出走，军政大权落入蒋介石手中。已经退到闽、粤边境的陈炯明残部，乘机重占东江，并向广州进犯。陈炯明的同

党邓本殷也纠集其余反革命势力，由雷州半岛向西江进攻，企图与陈夹击广州。国民政府于10月发起第二次东征，同时派军进行南讨。蒋光鼐率领28团作为南讨军的先锋，与12师一道前进。当得知12师与敌方勾结时，蒋光鼐临危不惧，率部扼守通往江门的咽喉要地单水口，抗击数倍于己的敌军，激战三昼夜。最后在友军的协助下，一举将敌军击溃。他又率部作为全军前卫，继续追击，终于全部肃清南路残敌，为广东根据地的统一作出了贡献。残敌肃清后，蒋光鼐率部在北海、钦州一带驻防休整，在这一时期，他结识了刘慕雨，不久两人结为夫妻（蒋的原配夫人谭妙南因患肺结核，已经过世）。

1926年7月9日，国民革命军正式出师北伐，第4军担任前锋。这时蒋光鼐已因师里事务繁忙，不再兼任28团团长，由蔡廷锴升任团长。

在民众的支持下，北伐军进展顺利，蒋光鼐率部参加进攻平江、岳州的战役。在围攻武昌时，第10师28团利用敌军投诚机会，率先破城。蒋光鼐曾将此次战役的经验与教训加以总结，写成《武昌围城之役经过概要》。

在武汉稍事休整，蒋光鼐受命与张发奎率军支援江西南浔，在马回岭、德安一线大败孙传芳军主力，稳定了战局。同年11月，第4军第10师扩编为第11军，陈铭枢升任军长，蒋光鼐任副军长兼第10师师长，戴戟为24师师长，蔡廷锴为副师长。

国民政府迁到武汉后，与蒋介石的矛盾加剧。陈铭枢不愿与其他兄弟部队同室操戈，于1927年3月从武汉辞职出走，投向南昌的蒋介石。蒋光鼐、戴戟亦相继离去，蒋光鼐被蒋介石任命为第22师师长。武汉政府任命第4军军长张发奎兼任第11军军长，张发奎委任蔡廷锴为第10师师长，

叶挺为第 24 师师长。

1927 年 4 月 12 日，蒋介石发动反共清党行动，随即在南京成立国民政府，形成宁汉对峙的局面。同年 7 月，11 军奉武汉国民政府命令，自武汉东下，讨伐蒋介石，叶挺率第 24 师为前锋。蔡廷锴师归叶挺指挥，到达南昌后，参加由中共领导的"八一起义"。但在起义部队南下广东时，蔡廷锴率部行军到进贤就脱离起义队伍，并将师里的共产党员全部遣散，派兵护送他们安全离开。蔡廷锴率部到达铅山县河口镇，静观变化。

9 月，蒋光鼐自沪携带现金 10 万元抵达河口，解决部队最急需的伙食费用，并决定服从宁汉合流之后的南京中央政府。恢复第 11 军建制，蒋光鼐仍任副军长，由第 10 师分编出第 24 师。蒋、蔡率部队进入福建，到达福州后，应当地民众代表的要求，将祸害百姓的新编第 1 军谭曙卿部缴械，所获枪械充实第 24 师。福州局势稳定后，蒋、蔡去电欢迎在日本的陈铭枢回军复职，陈接电即回国复职。陈铭枢与时任广州政治分会主席的李济深联系后，决定返回广东休整。当时张发奎等已先率第 4 军进入广东，对 11 军入粤持有戒心，所以 11 军部队先开至闽、粤边境地区待命。

11 月，张发奎等发动"广州事变"，驱逐李济深、黄绍竑在广东的势力，11 军在陈济棠及桂系黄绍竑部的配合下，击退第 4 军。

1929 年 1 月，国军编遣委员会决定全国军队一律缩编，第 11 军缩编为广东编遣区第 3 师和第 2 独立旅，蒋光鼐任第 3 师师长，蔡廷锴为第 2 独立旅旅长。第一次粤桂战争爆发后，蒋光鼐、蔡廷锴等率部击退桂军的进攻，保住广州。8 月，南京国民政府调整全国陆军番号，蒋光鼐的第 3 师改为第 61 师，他仍任师长，蔡廷锴部改为第 60 师，由蔡任师长。

同年底，张发奎联桂反蒋，进逼广州，爆发第二次粤桂战争。蒋光鼐

任右翼军指挥，击退张、桂联军，并乘胜追击到广西梧州。1930年2月，张发奎率军再度入粤，驻守梧州的蒋光鼐则率部进逼位于广西的桂军黄绍竑部，迫使黄向张发奎求援，使张自广东回师。双方在北流展开激战，蒋光鼐指挥得当，经数度反复，终取得此战的胜利。

这时，桂系加入以阎锡山、冯玉祥为首的反蒋联盟，决定与阎、冯合力夹击蒋介石。6月初，张、桂联军攻陷长沙，继续北进，威胁武汉。蒋介石急调60、61师入湘，截断张、桂联军的后路。张、桂军回师应战，蒋光鼐在敌众我寡的情况下，击溃张、桂军。

蒋介石得知他们获胜后，因津浦线战局危急，即令蒋光鼐率军火速增援。以蒋光鼐为第1纵队司令，下辖60、61师及陈诚的第18师。蒋光鼐率军迂回到阎锡山晋军后方，击溃泰安周边晋军，并截断大汶河等处晋军的后路，致该处晋军不战而溃。接着，他又奉蒋介石之命，率军迅速攻占济南，扭转了先前的被动局面。8月17日，蒋介石将60、61师组建为第19路军，任命蒋光鼐为总指挥和上将。蒋介石亲临济南进行嘉奖，并调19路军到陇海线进攻冯玉祥部。

蒋光鼐被委任为第6纵队司令，率领19路军及胡宗南的第1师攻击位于汝南、新郑一带的冯玉祥部队，切断冯军的退路，迫使3万余冯军向19路军投诚。此后不久，张学良率东北军进关，阎锡山、冯玉祥通电下野，中原大战遂告结束。年底，19路军奉调到江西，1931年初，到达兴国。

1931年4月，蒋介石发动对中央苏区的第二次"围剿"，19路军奉命参与了这次军事行动。"围剿"刚开始，蒋光鼐就因病离开部队，到上海同济医院治疗，部队由蔡廷锴指挥。蒋光鼐的夫人刘慕雨婚后不育，而谭夫人所生的长子蒋庆瀛又患有神经疾病，故刘慕雨极力劝说蒋再娶一位夫

人，在刘夫人的安排下，蒋光鼐与黄晚霞结识，并在上海完婚。

1931年2月28日，蒋介石因约法之争，扣押了国民党元老胡汉民。胡汉民派系与汪精卫及桂系合作反蒋，在广州另行成立国民政府，形成宁、粤对立局面。在得知日本在东北发动"九·一八事件"后，陈铭枢力主统一对外，出面调解宁、粤双方矛盾。作为双方合作的中间人，陈被任命为京沪卫戍司令长官，19路军也应粤方要求调到南京、上海一带，以保障粤方代表的安全。

淞沪抗战

1932年1月，日本侵略军在侵占了我国东北以后，又在上海蓄谋制造事端，向上海市政当局发出通牒，并从国内调兵，派遣军舰30余艘和陆战队数千人登陆，蓄谋占领上海。南京国民党政府继续执行不抵抗政策。担负沪宁地区卫戍任务的第十九路军，十九路军总指挥蒋光鼐在总指挥蒋光鼐、军长蔡廷锴的指挥下，进行了紧张的准备。蒋光鼐慷慨动员："我国自甲午败战以来，已不敢作对外之战争，帝国主义者予取予求，我则俯首退让；帝国主义者长驱直入，我则望风而逃。国人皆勇于私斗而怯于公战，此帝国主义日益张牙舞爪而国民悲愤不可抑也。从物质而言，我远不如敌，但我们有万众一心的精诚，就可以打开一条必胜之路。"并向全军发出密令：如日本军队确实向我驻地攻击时，应全力以赴，奋起反击。

1 月 28 日夜 11 时日军向闸北驻军发起了进攻。日海军陆战队数千人，分布在虹口租界和黄浦江上，由海军第一遣外舰队司令盐泽幸一指挥，分三路突袭，攻占了天通庵车站和北站。我驻军奋起抵抗，2 月 1 日，蒋光鼐亲临闸北前线指挥作战，再次将日军击退。战火虽经一个星期，始终在闸北范围进行，日寇进攻没有任何进展。4 日，日军又发动了总攻，双方展开了激烈的战斗，十九路军在包围并歼灭日军一个联队后，乘胜追击，发起反攻，最终完全粉碎了日军的总攻击。这是我军的首次胜利，也是败军的首次换将，舰队司令盐泽幸一被免职，调回日本。

2 月 7 日，蒋光鼐拟定了详细的作战计划，待敌以主力进攻江湾、蕴藻浜之间时，即在该地区与敌决战以图歼灭之。敌以久留米旅团主攻吴淞，陆战队助攻江湾。守军依托吴淞要塞及蕴藻浜水网地带与日军激战，消灭 1932 年 2 月 14 日，蒋光鼐电告了进攻纪家桥、曹家桥及偷渡蕴藻浜的日军，何应钦："我虽欲求和，而日寇其余日军龟缩租界。十九路军将士浴血奋战，决无诚意，为民族生存、国家体面，只有决心一战。"重创了敌军，但也付出了沉重的代价，部队伤亡很大。

2 月 10 日，蒋光鼐在向国民政府的报告中表示："敌增兵已到，大战在即，誓拼牺牲与敌一决！"13 日清晨，日军向十九路军发起总攻。双方的战斗异常激烈，并展开数度残酷的肉搏战，最后迫使敌主力溃退。由于十九路军的战绩，迫使日军再次易帅，日舰队司令官野村吉三朗交权下台。

2 月 14 日下午，蒋光鼐电告何应钦："我虽欲求和，而日寇决无诚意，为民族生存，国家体面，只有决心一战。"16 日，张治中所率第五军全部抵沪，增加了我军的力量。后几天，守军以第五军为左翼，第十九路军为

右翼，密切配合，经反复争夺，使我方阵地转危为安，收复了失去的阵地，并给日寇以重创。日军被迫第三次为帅。中国军队在人民支援下浴血奋战，使日军三易主帅，数次增兵，伤亡逾万，日军受到沉重打击。史称一二八淞沪抗战。

1932年10月，因淞沪抗战有功，蒋光鼐获得青天白日奖章。后来蒋光鼐因为反对蒋介石的不抵抗政策和签署卖国的《淞沪停战协定》《塘沽协定》，回家闲居。后经劝说才出任驻闽绥靖公署主任、福建省政府主席。他主张共同抗日、反对内战，虽被派往江西围剿红军，但数次派代表到苏区与红军联系。毛泽东、朱德等在瑞金会见了他派的代表，经过双方共同努力，10月26日签署了《反日反蒋的初步协定》。11月20日蒋光鼐在福州成立了"中华共和国人民革命政府"，公开反蒋，这就是著名的福建事变。蒋介石一面重兵压境，另一面瓦解十九路军内部，主力易旗，福建革命最终失败，蒋光鼐悲愤地流亡香港。

毛泽东在1936年9月22日曾给蒋光鼐、蔡廷锴写信，对他的抗战给予高度民主的肯定和希望："光荣的十九路军系统在先生等领导下，继续奋斗，再接再厉。""真正之救国任务，必须有许多真正诚心救国之志士仁人""热忱爱国如先生"。

人物评价

　　1988年12月17日，在纪念蒋光鼐诞辰100周年的大会上，中共中央对蒋光鼐的一生作了高度评价：蒋光鼐先生是中国国民党革命委员会的一位卓越的创始人和领导人，是同中国共产党长期合作的亲密朋友，他把自己毕生精力献给了中国民主革命和社会主义事业。他的爱国精神和历史功绩，坚定不移的政治节操，严于律己、宽以待人的品德，永远值得我们学习和纪念。

　　蒋光鼐早年追随孙中山，参加辛亥武昌保卫战、倒袁护法、北伐战争；"一·二八"事变时，他任19路军总指挥，毅然打响了正面抵抗日本侵略者的淞沪之战；1933年为反蒋抗日，他与陈铭枢、蔡廷锴成立福建人民政府；抗战期间，他历任第四战区参谋长、第七战区副司令等职。周恩来曾致函给他，尊敬地称道："先生以抗日前导而为华南和平民主之支柱，力挽狂澜，举国瞩望。"

蒋光鼐故居

　　蒋光鼐故居又名荔荫园，坐落在东莞市虎门镇南栅村三蒋自然村。该园以广植荔枝得名，清道咸年间，由抗日名将蒋光鼐祖父蒋理祥创建，后废置。1930年，蒋光鼐在祖园辟建一座西洋别墅式楼房，名"红荔山房"，占地面积223平方米，为钢筋水泥结构二层建筑，门廊及建筑正立面用石米砌成，其他三面为红砖清水外墙，廊柱仿西方爱奥尼柱头装饰。正楼宽13.5米，进深12.4米；侧楼宽4.1米，长5.3米。1946年，蒋光鼐故居进行了重修。解放后，先后分给农户居住和改作南栅大队部。1986年，蒋光鼐家属将故居捐献给国家，1987年蒋光鼐后人和当地村委会进行了简单的维护。2001年，东莞市文化局和虎门文化站委托文物专家制定详细的修缮方案，并严格按照《文物保护法》拨专款进行维修。故居设有专门的管理机构，管理人员5名，每年都有独立的管理经费，至今保存完好。

◎ 方鼎英

方鼎英（1888—1976年），字伯雄，号同春，又称"百奚"居士，湖南新化县人，传说这里是古代战神蚩尤的故里。父亲方瑞林是清代秀才，爱救济贫苦。方鼎英自小受其教育，从堂兄勤读诗书。1902年赴日留学，先后入东京弘文学院、振武学校，不久加入同盟会。归国后，任保定军官学校第一期炮兵教官。武昌起义后参加汉阳作战。1917年再赴日留学，先后入陆军炮工学校、野战炮兵射击学校。

1923年，孙中山命湘军组织讨贼军讨伐湘督赵恒惕，方鼎英代理

方鼎英

军长。1925年起，先后任黄埔军校入伍生部中将部长、教育长、代校长等职，危难时掩护共产党人离校，保护了革命力量。方鼎英负责新生的军事训练、政治教育和普通科学的补习等，大胆进行军事教育改革，为北伐军

输送精兵强将。他根据各部队的作战需要，增设了特种兵班，改变了黄埔军校单一培养步兵初级军官的格局，逐步将军校发展到步、骑、炮、工、辎及军事专科等科。另外提高学生录取标准，提高兵源质量，同时大量延揽军事教育人才。

方鼎英在主政黄埔军校期间，为北伐前线输送了两批共5000多名训练有素的学生军。1927年4月，蒋介石发动反革命政变，四处捕杀共产党员，同情共产党的方鼎英对此极为反感。同年9月，方鼎英离开黄埔军校，参与了抗战救国事业。1927年秋，方鼎英历任暂编第十三军军长、四十六军军长、第一集团军第三军团总指挥、西征军第一路总指挥等军事要职。

"九·一八"事变后，方鼎英和徐谦、朱蕴山等联合组成抗日会，联系各界人士团结抗日，秘密发行《晨曦》《怒潮》等刊物，从事救亡宣传。抗战胜利后，与李济深、章士钊联系，从事反内战活动，赞助程潜、陈明仁和平起义。中华人民共和国成立后任湖南省政协副主席等职。

方鼎英生平

1903年方鼎英15岁时东渡日本留学。初入东京宏文学院，继入东京振武学校。1906年，考入东京陆军士官学校第八期炮兵科，深得陈天华、蔡松坡、宋教仁三位赏识，先后加入同盟会及"求知社"。1911年春，方鼎英毕业返国，任保定军官学校入伍生总队教官。10月，武昌起义爆发，方鼎英赶程南来，参加了汉阳战役。孙中山就任临时大总统后，方鼎英赴北京入陆军部，研究军事，编著《炮兵操典》《射击教范》和士兵兵卒教科书等，以部令颁行全国。

1914 年，袁世凯阴谋称帝，蔡松坡被软留于北京城。为了护国训袁，蔡松坡密派石陶均赴美与黄克强共商大计。其秘密联系函件，均经方鼎英亲手转递，深得蔡松坡嘉许。讨袁之役，方鼎英实有策应之劳。方鼎英对北洋军阀的黑暗统治非常不满，于 1917 年再次东渡日本，由东京陆军炮兵学校和千叶野战炮兵射击学校递升东京帝国大学造兵科，潜心军事学研究。

方鼎英从日本学成归国，初在湖南军阀赵恒惕部下供职。当他看到赵恒惕公开投降直系军阀吴佩孚、暗中勾结广东的陈炯明叛变革命时，才恍然大悟。1923 年，他毅然接受广州大元帅府讨贼军总司令谭延闿的委任，担任讨贼军湘军第一军参谋长代行军长职务，并立即进军长沙，讨伐赵恒惕，史称长沙"九一政变"。后因陈炯明谋叛于广州，谭延闿又奉孙中山电令"回师广州"，方鼎英则奉命驻韶关，保卫广州革命根据地。在始兴之役，他身先士卒，出奇制胜，一举消灭赣军劲旅高风桂部，全线遂告大捷。

由于战功显著，方鼎英在广州大元帅府荣获孙中山当面嘉奖。孙中山将八挺手提机关枪赠送给他，方鼎英正式受任湘军第一军军长代兼第一师师长职务。1924 年冬，方鼎英又被广州大元帅府任命为北伐军特遣军总指挥，与国民二军司令岳维峻相约会师武汉，以图一举消灭直系军阀余孽萧耀南。事败，他经长沙至武汉养病。

1925 年春，方鼎英在武汉接谭延闿电召回广州。秋天，受任黄埔军校

入伍生部中将部长，1926年4月19日，继邓演达之后任黄埔军校教育长。1926年，北伐军兴，蒋介石受任国民革命军总司令职，率师北伐，方鼎英以教育长代行黄埔军校校长职务。方鼎英遵循孙中山"联俄、联共、扶助农工"的三大政策，为培养和造就革命军事人才，做了许多有益的开拓性工作，是第一次国共合作的忠实执行者。在他任职期间，正是黄埔军校进入全盛时期，他依靠共产党人，悉心从事军校的政治和军事教学，广罗优秀教官和革命青年来校，积极进行校政建设。他还先后邀请大批国共两党的社会名人如谭延闿、毛泽东、何香凝、刘少奇、鲁迅等来校演讲。

1927年4月18日，黄埔军校实行"清党"。在此前夕，国民党政府后方留守主任、北伐军总参谋长李济深召见方鼎英，向他出示南京中央党部"清党"密电，令军校执行清党任务。他出于对共产党人的同情，建议采取有利于共产党人安全离校的清党方式，还秘密通知和资助熊雄离校出国。但实际上却未能实行，熊雄终被反动派所杀害，不少共产党员都未能幸免，革命的黄埔军校从此大受摧残。之后，方鼎英离开了黄埔军校。

方鼎英离开黄埔后，先是在广州被李济深任命为国民革命军新编第十三军军长，出师北伐，中途蒋介石又命他率部折返南京。1928年十三军改编为四十六军，他仍任军长，并兼津浦路运输总指挥。济南惨案之后，又接任南京北伐军第一集团军第三军团总指挥，参加讨伐阎、冯和讨伐桂系之役。1929年冬，他辞职引退。

1930年以后，随着抗日爱国民主运动逐渐高涨，他先后在上海、香港等地组织"革命同志社"，主办《怒潮》月刊，又和徐谦合组"抗日会"，提出"反对内战，不抗日者皆为敌"的原则，号召国人反抗日本帝国主义。1932年，又将"抗日会"转移香港，组织"抗日大同盟"，开展抗日

宣传活动。"九·一八"事变后，他参与李济深、蔡廷锴、蒋光鼎、陈铭枢等人组织福建人民政府，进行反蒋抗日活动。后方鼎英回湖南组织湖南抗日政府。

"西安事变"后，国共二次合作，蒋介石被迫宣布抗日，方鼎英积极请缨抗日，共赴国难。1938 年，他任湖南第九战区战地党政委员会副主任。抗日战争胜利后，蒋介石发动内战，方鼎英主张和平、民主，反对内战，拥护新民主主义革命。1949 年人民解放军南下，萧劲光司令抵长沙，方鼎英受聘为四野高级军事顾问，在湖南积极促进地区起义活动，维护革命秩序，为湖南的和平解放和协助解放军收编散兵游勇以及兴办教育事业做了大量有益的工作。

新中国成立之后，方鼎英历任湖南省人民委员会委员、省参事室主任、省司法厅厅长、中国人民政治协商会议第二、三、四届全国委员会委员、政协湖南省委员会副主席、民革中央委员、民革湖南省委员会副主任委员等职。1976 年 6 月 2 日，方鼎英病逝于湖南长沙，享年 89 岁。

◎ 张治中

张治中（1890—1969 年），原
名本尧，原字警魄，舌改字文白，
爱国将领，安徽巢湖人。1911 年辛
亥革命爆发时，在扬州参加反清起
义。1916 年，张治中毕业于保定军
官学校第三期步兵科，次年到广东
参加护法运动。1924 年 6 月任黄埔
军校学生总队长、军团团长，同时
兼任国民革命军第二师参谋长、广
州卫戍区司令部参谋长等职，与中
国共产党人周恩来、恽代英密切合
作，结成深厚友谊。1932 年 1 月兼
任第五军军长，率部参加上海"一

张治中

·二八"之役，曾予日军以沉重打击。1933 年 12 月任国民党第四军总指
挥，1936 年西安事变发生时，他主张和平解决。

抗日战争爆发后，张治中任第九集团军总司令兼左翼军总司令，参加
上海"八·一三"抗战。1940 年任国民政府军事委员会政治部部长，兼三

民主义青年团书记长。1941 年皖南事变后向蒋介石上书，主张继续国共合作，共同抗日。抗日战争胜利后，张治中任国民党政府西北行营主任兼新疆维吾尔自治区主席，曾营救过被盛世才囚禁于新疆的一批共产党员回延安。

1946 年 1 月代表国民党参加军调处三人小组，主张和平解决国内问题。1949 年 4 月任国民党政府和平谈判代表团首席代表，到北平同中国共产党代表谈判。同年 9 月，应邀参加中国人民政治协商会议第一届全体会议，并促成了新疆和平解放。中华人民共和国建立后，历任西北军政委员会副主席、国防委员会副主席、中国国民党革命委员会中央副主席等职。1969 年 4 月 6 日在北京逝世。著有《张治中回忆录》等。

谈判将军张治中

张治中 1890 年 10 月 27 日（清光绪十六年九月十四日）出生于安徽省巢县西乡洪家疃村一个贫苦的农民兼手工业者家庭。祖父张邦栋，父亲张桂徵，以编织出售篾器为生，母亲洪氏。弟兄四人，张治中居长。张治中六岁发蒙，授业塾师对其督责极严。他童年以"禀赋聪颖"而博业师器重，皆云其"颇堪造就"。私塾十年，他系统地学习了儒家经典与封建的伦理道德。光绪二十九年曾赴庐州应童子试，府考未中。因家计困难，就入了合肥县丰乐河镇（今属肥西县）吕德盛号商店学徒。他从包货的《申

报》上得知安徽陆军小学招生消息后，在母亲的支持下到安庆报考，未取。又转到扬州十二圩，投当地盐防营做了一名备补兵。

由于境遇凄苦、头目欺侮，他再次出走安庆，在巡警局做备补警察，替人夜间站岗。三个月后，由同学方若木介绍，进入扬州巡警教练所受训三个月，遂补为正额警察。同时，业余时间开始学习英文、算学，其间与堂舅的女儿洪希厚成婚（父母指腹为婚）。1911 年辛亥革命爆发，风声所播，举国震动。张治中由扬州到上海，参加学生军准备北伐清廷，曾言"如为北伐而牺牲，那是求仁得仁，固所愿望。如没牺牲，一定继续求学，再学军事。"

民国建立，张治中即随学生军到南京，改编为中华民国陆军部入伍生团，被编入第二营。1912 年，进入人武昌陆军军官第二预备学校学习。1914 年 11 月 4 日由该校毕业，10 日分发到保定，在陆军第八师完成六个月的入伍期训练。入伍期满，升入保定陆军军官学校步科三期学习，反帝、反封建的思想初露端倪，认定"今日之社会，无论何界，卑鄙污秽，达于极点。"焦忧于"文明祖国，黄帝子孙，将任异族宰割奴隶已耳"，立誓要"报答国民于万一"。袁世凯称帝，使他开始对旧民主主义革命的前途产生了思虑。1916 年 12 月，张治中由保定军校毕业，被分配在安徽督军倪嗣冲的安武军中见习，驻防蒙城。

1917 年 6 月，府院之争激化，倪嗣冲率部队北上响应督军团造反。张治中遂下决心脱离北洋军队，出走上海。9 月转赴广州，追随孙中山护法，投入驻粤护国滇军第八旅（伍毓瑞部），任旅部上尉差遣，参加征闽之役。闲暇时编练旅部警卫队，被派为队长，从此开始了带兵的戎旅生涯。此后因黄冈战斗作战勇敢、指挥有方而擢升营长。1918 年 5 月，西南军阀改组

护法军政府，孙中山被桂系军阀排挤愤而去职赴沪，以致张治中所在滇军在潮州被桂军刘志陆部包围缴械，他被遣送到上海。旋接保定同学罗天骨之约到川军第五师任少校参谋，转任川滇联军总司令部（唐继尧部）副官处第一科科长。该部败退至重庆时，张治中转回上海。

1920年，他再度入川，任川军第三独立旅（原第五师改编）参谋长，驻宣汉。次年春，该部吕镇华团在宣汉发动兵变，张治中与内弟洪君器趁乱逃出，藏至陕军留守处，扮作陕军伤兵出城，始脱险境，返回巢县老家休养。1922年秋，入上海大学学习俄文等课程，从师瞿秋白、于右任，开始接触社会主义思潮。

1923年，张治中应伍萧岩再三邀请，赴广东任靖国桂军总部参谋等职，后到虎门帮助成立靖国桂军军官学校（校长刘震寰），任大队长，实际主持校务工作，与校俄籍女顾问糜娜合作甚好。此后，黄埔军校成立，蒋介石很想要张治中到黄埔工作，于是发展张治忠为黄埔军事研究委员会委员，张治忠经常被邀参加黄埔军校的训练会议。由于桂军内部腐败，加之在黄埔工作的保定同学的邀劝，张治中在1924年12月办完桂军军校学生毕业事宜后脱离桂军，正式进入黄埔工作。

1925年1月29日，张治中被委任为第三期入伍生上校总队副，留守后方维持校本部。正当东征军连战皆捷，准备围攻惠州时，滇军杨希闵部、桂军刘震寰部从4月起陆续从东征前线撤回广州。4月11日，张治中被改委为代理总队长。5月中下旬，杨、刘在英帝国主义和段祺瑞支持下发动叛乱，遂陷广州。杨希闵、刘震寰几次密谋要消灭留守的黄埔学生，张治中协同严重等率入伍生构筑工事，日夜防守戒备，挫败了这一阴谋。东征军迅速回师平叛，张治中接受蒋介石、廖仲恺的命令，参与制定西路

讨伐杨、刘的军事计划。6月初，张治中率领在校学生两千余人（第三期入伍生为主）组成突击队，包抄叛军后路。所部由黄埔出发，迅速集结于珠江南岸、赤岗以北地区，6月11日拂晓，在海军军舰和第二期炮兵队炮火掩护下开始攻击，由猎德强渡珠江。

渡河部队占领北岸桥头堡后，张治中命令立即向石牌车站攻击前进并占领之。延伸炮火摧毁设在石牌的滇军指挥所后，守敌大乱并开始溃退。所部迅速突破守敌阵地，沿广九铁路线追击延伸，乘胜扩大战果。6月12日中午到达北校场，即担任广州市区的巡逻警戒任务，与东征军会师，遂平定杨、刘叛乱，使广东革命政权转危为安。猎德之役，所部阵亡仅六人。

1926年1月，张治中出任黄埔四期入伍生三团团长，四期转为正式生后，又任步兵第一团团长。他不仅治军严谨统兵有方，而且作风民主，善体下情。按黄埔惯例，师生平时同在饭厅就餐，值星官每次均以校部长官进餐开始和结束的时间作为发布口令的依据，因此经常使许多学生吃不饱饭就离开饭厅。有一次，四期某同学把反映这个情况的纸条放在长官席上，张治中看过后，当即表态，在强调"军人必须要养成动作迅速的习惯"后，宣布"今后值星官应以绝大多数吃完，而不是以长官吃完为准，再发出'立正'口号"。这样一改，全体学生都能吃饱了，对提高士气、改善官兵关系影响很大。

在黄埔军校工作两年，张治中与周恩来、邓演达、恽代英、高语罕、熊雄等交往较多，私交甚好，同时和戴季陶、王懋功等关系也很密切。当军校内部左派的"青年军人联合会"与右派的"孙文主义学会"之间的斗争日趋尖锐后，他的立场逐渐由中间转向同情共产党人，言论明显左倾。

为此，蒋介石曾追问王懋功："张治中是不是共产党?"张治中在校内被称为"红色团长"，军校中右派把他和恽、邓、高并列为"黄埔四凶"。"中山舰事件"发生后，蒋介石立即密令"严密监视邓演达、高语罕、严重、张治中，以防变动"。当天上午十时，陈继承（孙文主义学会分子）奉蒋介石命令率第二师第六团一、二两营乘船赶赴黄埔监守该校，张治中与严重、季方商议之后，以"没有蒋校长的亲笔手谕任何部队都不准上岸"为理由，严词予以拒绝。右派分子对他的攻击，周恩来、高语罕的先后去职，促使张治中向周恩来提出了参加共产党的要求。鉴于两党约定中共不吸收国民党高级干部入党，周恩来后来答复他："此时似有不便，不如稍待时机为宜"等等。1926 年 5 月 22 日，张治中以左派的身份被选为国民党黄埔军校第四届特别党部执行委员。其时，还兼任广州卫戍司令部参谋长、军委会航空局长、航空学校校长等职。

在中共和全国人民的推动下，国民党中央于 6 月 5 日召开临时全体会议，决定迅速出师北伐。蒋介石指派张治中为国民革命军总司令部副官处处长，负责筹组总司令部，掌管人事工作。他曾向蒋介石建议由周恩来担任总政部主任一职为宜，为蒋所不纳。张治中认为周恩来是很好合作的人，北伐军司令部没有周恩来参加"实是一大损失"，同时多次对蒋介石直陈，要"保持两党合作"。

北伐定鄂后，黄埔政治科由粤迁汉，扩充为武汉分校，蒋介石"委任学兵团长张治中兼任本校教育长"。在张治中等筹备下，武汉分校于 1927 年 2 月 12 日开学。此时，国共两党关系恶化已趋明显。张治中想尽力调解蒋、邓矛盾的努力无效后，心情异常苦闷。他既坚决主张国共合作，反对两党分裂，但也"无意接受中共的希望"，又认为蒋是党的领袖，应该服

从，因而徘徊于或拥蒋、或联共的十字路口。

这时，陈赓离汉赴沪，行前向他辞行。他嘱托陈赓转告周恩来要提高警惕，暗示蒋介石将要反共。3月中旬，张治中第二次被蒋召到南昌，遂答应蒋把武汉分校迁到江西。张治中同时用电报征求邓演达对迁校的意见。张治中返汉后，邓演达立即以国民党中央政治会议的名义，严令张治中辞去本兼各职，同时将武汉分校改组、张治中解职的消息公布于报端，促使张治中的政治态度迅速向右转，因而靠近蒋介石右派势力。4月上旬，张治中、周佛海等相继离开武汉分校，到上海时已是中旬。张治中原想摆脱国内政治生活到国外学习，但被蒋介石派到南京筹备全军的训练处。

1928年初，张治中出国到欧美考察。次年7月，被南京政府电召回国，派为军事委员会军政厅长。不久，张治中请求调到南京中央陆军军官学校（黄埔由粤迁到南京所改），任训练部主任，继何应钦之后任军校教育长，主持军校教育近十年。其时，负责转到南京的原黄埔六、七期学生的有关事宜。六期毕业后，张治中集合南京中央军校各大队的军官编为军官教育连接受训练，他亲兼连长，以汤恩伯副之。在此基础上，在军校成立教导第二师，张治中兼任师长，以黄埔六、七期毕业生担任基层连排干部，是蒋介石的嫡系武力。1930年4月，张治中率领教导二师参加蒋、冯、阎中原大战，担任陇海线正面战场作战任务。

"九·一八"事变后，张治中在国民党内坚主对日作战。不久淞沪"一·二八"抗战火起，他忧于十九路军孤军作战，恐难持久，主动向军委请缨参战。2月2日，在浦口迎接蒋介石时（其时蒋退职在野），在蒋介石的赞同下，将驻在京沪、京杭上的八十七师（王敬久部）、八十八师（俞济时部）、中央军校教导总队、独立炮一团山炮营编成第五军（干部大多为黄埔毕业生），迅速驰援上海。行前，写下遗书，愿以热血头颅唤起全民抗战。9 日，先头部队开抵南翔前线，遂编为左翼军，设指挥部于刘行镇，担任江湾以北、蕴藻滨沿岸防务。庙行一役，激战三日，张治中以主力正面迎击日军第九师团的猛攻。23 日下午，令宋希濂旅由纪家桥侧面出击，抄袭日军后路，日军在三面夹击下死伤惨重，精锐损失三千多人。此役为"一·二八"抗战中战事最烈、战绩最著名的一仗，使日寇植田谦吉的中央突破计划失败。此后，第五军迭经浏河争夺战、葛隆镇血战，于 3 月 3 日午接到总指挥蒋光鼐电令，退守常熟、太仓一线，战斗遂告中止。是年 5 月，张治中与蒋光鼐、蔡廷锴同被授予青天白日奖章。战后写有《沪淞抗日作战所得之经验与教训》。

淞沪停战后，张治中痛感"日帝亡我之心坚决"，力主对日积极防卫。1936 年，任命为京沪警备司令长官，在苏州留园设处秘密制定京沪地区对日作战计划和措施，组织苏南攻防演习，由此提出"制敌机先"的战略防御设想，有力地保证了"八·一三"抗战前期我方在战场上的主动权。"西安事变"爆发，张治中从救蒋介石目的出发，力主和平解决，拒绝参与指挥进攻西安的军事行动。

七七事变后，日军在沪挑起虹口机场事件，扩大战事。8 月 11 日，国民党政府命令张治中率第九集团军迅速赴上海周围布防并统帅上海部队。12 日晨所部进入预定地点。14 日，中国军队转入总攻击。第三战区成立后，张改指挥淞沪近郊方面作战，与日军增援部队在张华滨、川沙口展开血战。由于增援罗店友军及时，使日军在罗店被阻月余。9 月 23 日，因军事指挥意见与蒋介石产生冲突，加之身体状况，随即向大本营辞职。第九集团军转移任务完成，张治中被调任大本营管理部长。其间请假回乡，在

巢县四顶山休息四十天。

1937年11底，张治中改任湖南省主席，倡导社会改革运动。时值国共合作初期，他曾致电蒋介石："减少无谓摩擦，加强两党团结，必有利于抗战大业。"主张与共产党合作抗战。1938年春，应八路军代表徐特立的要求，迅速查找并释放了红二十一师参谋长乔信明等三十多名"政治犯"。后应江渭清的请求，拨款2000元接济共产党领导的湖南地方抗战武装。1928年10月，岳州失守，日军逼近长沙外围，张治中执行蒋介石"焦土抗战准备焚城"的电示。由于长沙警备司令部酆悌未按原计划行动，遂造成"长沙大火"事件，给长沙人民造成灾难性损失。张治中因此受到革职留任的处分（酆悌被枪毙）。当时，国民党内许多政敌趁机在政治上大肆攻讦，共产党人却根据事实真相做了解释工作，对他表示了真诚的同情和安慰，使其"毕生难忘"。这是他产生尽心致力于国共合作思想的一个契机。

1939年3月，张治中到重庆接任蒋介石侍从室第一处（主管军事）主任。次年9月，任军委会政治部部长，主管军队政治教育，同时兼任三民主义青年团中央干事会书记长。皖南事变发生后，张治中在总参谋长何应钦召开的研究善后办法会议上，反对撤消新四军番号，与白崇禧发生争执。在外交政策上，张治中极力主张美苏并重，反对"一面倒"的亲美政策。日本投降时，曾附议商请美军在北方登陆，协助接收华北、东北，"免为中共捷足先登"。

从1942年开始，张治中作为国民党代表先后与周恩来、林伯渠等在重庆、西安多次谈判，协调国共两党关系。两年中没有任何结果。赫尔利以美国总统特使身份，"调停两党争端"。张治中与王世杰参加会谈，因双方在组织联合政府问题上分歧较大，1945 年春会谈中止。抗战胜利后，由于邵力子等人举荐，张治中被派作国民党代表与赫尔利专程乘飞机到延安，8 月 28 日下午陪同毛泽东等飞抵重庆，和蒋介石举行和平商谈。张治中腾出自己的私邸桂园以备毛泽东办公和休息之用。谈判后期，由于国民党坚持要取消解放区，削减人民军队，使会议"搁浅"。张治中积极奔走，在10 月 5 日提出"折中方案"：解放区设立行政专员区，"由中共推荐行政督察专员"管理，这个方式得到周恩来的赞同，促进了会谈的进行。毛泽东认为他"为和平奔走是有诚意的"。鉴于国内政治形势突然紧张，周恩来为保证毛泽东归途安全，当得知张治中要去兰州时立即向他提出：希望你亲自护送毛主席返回延安，然后再去兰州，张治中立即应允。在延安，他称颂："毛先生去重庆是最有诚意的表现"。自己能够"欢迎毛先生去重庆，又恭送毛先生回延安"，当作"我最引为荣幸的事"。

在此前后，他参与商谈签订了《双十协定》。与周恩来、马歇尔组成最高军事三人小组，协调军事行动，订立《整军方案》《派遣军调部东北执行小组协议》。1946 年 2 月与周恩来、马歇尔到各地检查停战、整军方案的执行情况。3 月初，第三次到延安。是时，周恩来在延安向他提及中原解放区部队经费困难，商请他设法接济。张到武汉后，立即指示办理此事，表示这笔钱"作为我借的好了"。此时，他"联共和苏"倾向十分明确，曾多次上书蒋介石，力陈内战之害，坚持政治解决国共两党关系。

1945 年 9 月，新疆三区民族革命军攻抵玛纳斯河岸后，张治中被派为代表于 9 月、10 月两次赴乌鲁木齐商谈和平解决事宜。次年 3 月底，调任国民政府主席西北行营主任兼新疆维吾尔自治区主席（辖甘、宁、青、新四省）。6 月 6 日，与三区革命运动代表签订和平解决条款。7 月 1 日，主

持成立了有符族人士参加的民主联合省政府，提出"和平、统一、民主、团结"的施政纲领和增进中苏亲善的外交政策。

赴新任职前，周恩来夫妇曾到张治中家送行，嘱他设法释放被盛世才逮捕而关押在新疆多年的中共人员。张治中到新疆后，亲自秘密处理此事，立即改善了狱中人员的生活和政治待遇，并自己出钱资济这批狱中人员。同时，三次专电蒋介石，催促批准释放。5月蒋介石被迫复电同意。张治忠迅速派员拟定护送计划。6月10日，出狱的131名中共人员及家属，分乘10辆十轮卡车，在新疆警备司令部少将刘亚哲及警卫部队护送下登程，历尽险阻，于7月10日抵达延安。这时，全面内战已经爆发。

1949年2月，张治中任南京政府和平谈判代表团首席代表，于4月1日飞抵北平参加"和谈"。20日国民党拒绝在国内和平协定上签字，张治中坚持回宁"复命"，被我党挽留在北平。月底，周恩来通过查夷平安排"央航"飞机将张治中家属送到北平。此时，张治中心情处于极度苦闷与矛盾之中，认为"患难古旧，道义难忘。"5月初，他被蒋介石政府宣布免去本兼各职。在毛泽东、周恩来的团结帮助下，6月26日张治中发表《对时局的声明》，宣布与蒋介石集团决裂，毅然投身于新中国。

建国后，张治中任中央人民政府委员、西北军政委员会副主席，长期配合彭德怀、王震、习仲勋处理西北政务。1950年国庆节，为表彰张治中在和平解放新疆时的贡献，毛泽东代表中央人民政府授予他一级解放勋章。"文化大革命"中，张治中基于对康生一伙陷害、打击老干部做法的义愤，冒着受冲击的危险挺身而出，于1967年8月16日写信给毛泽东，主动为新疆出狱人员作证，并明确指出他们"始终坚贞不屈"，是"经得起残酷考验的"，继续为保护这批共产党的干部作出了贡献。

1969年4月6日，张治中因病在北京逝世，终年79岁。他在遗嘱中表示了对党对毛泽东的信赖和崇敬，表现了对祖国统一大业的深切关注。张治中一生为人谦和，待人诚挚，重感情，守信义，思维敏锐，性情刚直。他是孙中山三民主义的忠实信徒，是国民党内著名的"和平将军"，也是中国共产党的真诚朋友，胡耀邦同志称之为"曾为中国革命做出重要贡献的爱国民主人士。"

张治中三到延安

张治中早年毕业于军官学校，1926年参加北伐。抗日战争时期，先后任中央军总司令兼第九集团军总司令、湖南省主席。1949年曾任国民党政府和平谈判代表团首席代表，参加国共谈判。他在谈判过程中，加深了对共产党人的了解，从此与毛泽东等人建立了真挚的友谊。旧民党政府拒绝在国内和平协定上签字后，他被挽留在北平。中华人民共和国成立后，曾任全国人大常委会副委员长、国防委员会副主席。

毛泽东与张治中的交往，是从1945年秋毛泽东到重庆谈判和张治中三次到延安开始的。此后两人来往频繁，直到1969年张治中因病去世。纵观毛泽东与张治中的交往，可以说是"肝胆相照"，毛泽东对张治中是寄予厚望，关怀无微不至。而张治中对毛泽东，能做到知无不言，言无不尽。应该说，张治中既是毛泽东的密友，又是毛泽东的诤友。毛泽东曾对党内

高级干部说过："不交几个党外朋友怎行？我的党外朋友很多，周谷城、张治中"。

张治中第一次到延安，是在 1945 年 8 月。他作为蒋介石的代表，同美国代表赫尔利一起，飞赴延安，迎接毛泽东赴重庆谈判。在重庆谈判过程中，张治中是国民党代表中最活跃的人物。他的种种真诚报国、力主和平、积极合作的行为，给毛泽东留下了很深的印象。《双十协定》签订的第二天，即 10 月 11 日，张治中乘专机亲自伴随毛泽东回延安。当晚，中共中央为张治中举行了盛大的欢迎晚会。第二天，张治中离开延安时，毛泽东亲自到机场送行。毛泽东笑着对张治中说："我在重庆，知道你是真正希望和平的人"。张治中问道："怎见得？"毛泽东说："有事实为证。第一，你把《扫荡报》改为《和平日报》。《扫荡报》是在江西围剿我们时办的，你要改名，一定有些人很不赞成的。第二，你把康泽办的一个集中营撤销了，是做了一件好事"。

不久，张治中又参与了整军谈判，并到各地视察，第三次到了延安。毛泽东等中共领袖热烈欢迎他的到来。在欢迎晚会上，张治中说："我希望全国团结一致，共同为建设和平、民主、团结、统一的新中国而奋斗"。张治中最后说："你们将来写历史的时候，不要忘记写上张治中三到延安这一笔。"

1949 年北平和谈时，张治中由南京飞到北平，毛泽东在香山双清别墅设宴招待。毛泽东一见面就爽朗地说："1945 年到重庆时，承你热情接待，感激得很呢。""你在重庆时用上好的酒席招待我，可是你到延安时，我只能以小米招待你，抱歉得很呢！"毛泽东的话，热情而自然，但又充满了关心。张治中听了，为之感动。北平和谈破裂时，张治中发表了《对时局声明》，留居北平。毛泽东每次为张治中介绍新识的朋友时总爱说："他是三到延安的好朋友！"使张治中心里感到暖烘烘的。是好朋友，不是一般的朋友，这话既是高度的评价，又表露出无限的深情。

1949年6月，全国政协酝酿筹备，中央人民政府准备成立。有一天，毛泽东当着许多中共领导人的面，提出请张治中参加人民政府并担任职务。张治中说："过去的阶段，我是负责人之一，这一阶段过去了。我这个人当然也就成为过去了。"毛泽东恳切地说："过去的阶段等于过了年三十，今后还应从大年初一做起！"这话诚挚而又亲切，令张治中十分感动。期待之中又包含着要求与信任，张治中自此把这话作为自己的座右铭。

全国政协召开前，曾酝酿和讨论和国家名称问题。毛泽东正在中南海邀请一些党外人士座谈。毛泽东提出，中央意见拟采用"中华人民民主共和国"，大家有同意的，也有不同意的。张治中说，"共和"这个词本来就包含了"民主"的意思，何必重复？不如就干脆叫"中华人民共和国"。毛泽东觉得张治中的话有道理，建议大家采纳。在讨论国旗图案时，毛泽东手持两幅图案。其中一幅是红底，左上方一颗大五角星，中间三横杠，其寓意是：红底象征革命，五角星代表共产党的领导，三横杠代表长江、黄河、珠江。另一幅是五星红旗。征询大家意见时，多数人倾向三横杠的那一幅。张治中说出了自己的看法：（1）杠子向来不能代表河流，中间三横杠容易被认为分裂国家，分裂革命；（2）杠子在中国人的传统观念中是金箍棒，国旗当中摆上三根金箍棒于吗？因此不如用这一幅五星红旗，毛泽东觉得张治中所言极是，建议采用五星红旗作为国旗图案。

1954年，全国人大一届一次会议开幕前，张治中得知毛泽东不准备在会上讲话，就直接给毛泽东去信说："这次人大是中国历史上第一次真正的人民大会，您是国家主席，开幕时是主持人，怎能不讲话？"两人见面对，毛泽东对张治中说："就是你一个人希望我讲话。"张治中说："不，不是我一人，是全体代表，全国人民都希望听到您的讲话。"毛泽东还是不同意。但是到大会开幕对，毛泽东讲话了。会议休息时，毛泽东对张治中说："你胜利了。本来不准备讲话，只因开幕式我是主持人不能不说几句话，谁知一拿起笔来越写越多，就成了一篇讲话了。"

    1958 年，张治中应邀陪同毛泽东视察大江南北，两人情感交融，无拘无束。那一年的 8 月，在北戴河，毛泽东请张治中全家到他的住处吃饭，看电影，并对张治中说："我想到外地视察去，你可愿意同行？"张治中回答说："能够有这个机会，那太好了！"9 月 10 日，毛泽东、张治中分坐两架飞机由北京飞往武汉。一下飞机，张治中就关心地问毛泽东："您昨晚恐怕又是没睡觉吧？"毛泽东回答："昨晚开了 5 个会，今天清晨又接见新疆参观团，没有睡"。张治中劝毛泽东好好休息一下，而毛泽东却说："不，天气这样热，我们马上到长江去"。车到长江，又坐船到长江大桥附近，毛泽东从船上扶梯慢慢下水，先埋头水中三四次，让水浸泡全身，然后两手撇向后方，双脚一蹬，用仰泳的姿势出发。毛泽东游得非常自然轻松，一点倦意也没有，正如他在《水调歌头·游泳》中所写的："胜似闲庭信步"，"极目楚天舒"。在此后的视察途中，张治中一直十分关心毛泽东的身体，多次劝毛泽东注意休息。有一回，张治中和毛泽东的工作人员聊天，谈到毛泽东的睡眠问题。工作人员告诉张治中：主席经常彻夜工作，天亮上床是常事，往往到 8 点才睡，睡三四个小时就起来了。张治中说："这是不够的，长期下去，难以为继，你们应该劝他早点睡才好"。

    一天，专车正在行进中，张治中看到毛泽东在聚精会神地看书，便问道："这是什么书?"毛泽东说："这是关于冶金工业的书。"张治中诧异地说："您也钻研科技的书?"毛泽东说："是呀，人的知识面要宽些。"在安徽视察时，毛泽东一住下来就向当地借来好些书。张治中到毛泽东住处，看到这些书就问："这是从北京带来的吗?"毛泽东说："不，这是刚借来的。"毛泽东还指着一堆线装书说："这是你们安徽省志。"张治中是安徽巢县人，毛泽东的话体现了他对安徽人民的关心。

◎ 张自忠

张自忠（1891—1940 年），字荩忱，山东临清人，是中国军队在抗战中牺牲的职务最高的将领，也是第二次世界大战反法西斯阵营中战死的最高将领。1911 年，张自忠在天津法政学堂求学时，就秘密加入同盟会。1914 年，他投笔从戎赴东北。1917 年，入冯玉祥部，历任营长、团长、旅长、师长、军长、集团军总司令等职。张自忠戎马三十余载，竭尽微忱。自抗战事起，命运起落无常。曾被污为汉奸，备受责难。又抱定"只求一死"之决心，一战于淝水，再战于临沂，三

张自忠

战于徐州，四战于随枣宜，终换得马革裹尸还，以集团军总司令之位殉国。以一生之践行，换得了名中的一"忠"字。

初露锋芒

　　二次"北伐"后，西北军的实力得到扩张，成为蒋、冯、阎、桂四大军事集团中兵力最为雄厚的一个。这自然引起蒋介石的嫉妒。为削弱冯、阎、桂各系军队实力，蒋介石以减少军费负担、从事经济建设为名，提出裁军问题。1929年1月1日，蒋介石主持召开编遣会议，强行确定全国设立8个编遣区，其中4个由自己控制。蒋介石还规定，全国军队的一切权力收归中央；各军原地静候改编；各集团军无权自行调动和任免军官。这种做法引起冯、阎、桂各派的强烈不满。冯、阎、桂各系遂组成反蒋联军，武力倒蒋。1930年5月，中国近代史上规模空前的军阀混战——蒋冯阎中原大战爆发了，双方投入的兵力高达130万人。

　　此时，张自忠任第6师师长，编入张维玺统领的南路军。5月初，南路军首先在平汉线向蒋军开战，拉开了中原大战的帷幕。5月中旬，当张自忠指挥第6师进抵许昌十五里店时，此地已为蒋军徐源泉部占领。因十五里店是双方必争的战略要点，张维玺严令张自忠限期夺回。张自忠遂指挥所部乘夜暗发起猛攻，势如疾风暴雨，一夜之间克复十五里店。6月中旬，第6师将蒋军丁治磐部击退，得到孙连仲部支援后又转守为攻，猛烈出击，蒋军抵挡不住，全线溃退至漯河一带。此时，南路军如乘胜南追，直趋信阳，战局将十分有利。但冯玉祥顾虑蒋军主力从豫东发动进攻，故

将张自忠等部由平汉线转用于陇海线，支援东路军。到达陇海线战场后，张自忠奉命向蒋军左侧攻击，在杞县、太康之间的高贤集与蒋军精锐张治中之教导第2师相遇。这两位姓氏相同，名字相近，且被许多人误为一人的名将，随即展开了激烈的对攻战。教导第2师是蒋介石聘请的德国军事顾问团精心训练出来的两个"近卫师"之一，编制整齐，拥有当时中国军队最先进的装备。张自忠针对敌军装备精良的特点，指挥第6师发起突然猛烈的攻击，奋勇接敌，与之展开近战，发挥刺刀、手榴弹和大刀的威力，使敌军重兵器无法发挥作用。经反复拼杀，终于将敌击溃。蒋军其他各部也因不善白刃战，伤亡惨重，纷纷向南溃退。张治中部奉命担任掩护。张自忠指挥第6师乘机追杀，再歼其一部。教导第2师经此一役，元气大伤。作战中，张自忠勇猛果断，指挥若定，显示了大将之才。他的参谋长张克侠评价说："其决心坚强，临危振奋。每当情况急迫之时，辄镇静自持，神色夷然。"

反蒋联军当中，虽然西北军屡有胜绩，但桂军与晋军均作战不力。桂军方面，李宗仁于5月下旬挥师入湘，但遭到蒋军反击，7月撤回广西。津浦线方面，晋军节节败退，连丢曲阜、泰安、济南。济南之失对战局影响尤大。阎锡山见战局不妙，即开始图谋自保，甚至断绝了对西北军的粮弹供给，致使西北军陷入孤军苦战。

9月18日，一直坐山观虎斗的东北军统帅张学良宣布放弃中立立场，通电拥蒋，随即挥师入关，占领华北。战局急转直下，反蒋联军败局已定。西北军一部被迫缴械；吉鸿昌、梁冠英、焦文典、葛运隆、孙连仲等部相继投蒋，接受改编；庞炳勋、孙殿英、刘春荣等部脱离西北军，自由行动。冯玉祥眼看众叛亲离，山穷水尽，被迫渡黄河北上。

中原大战结束时，张自忠的第六师除了配属梁冠英的第十七旅随梁投蒋外，尚有第十五、十六旅一部和手枪团大部，约5000人，是西北军残部中最完整的部队之一。

西北军的土崩瓦解，使张自忠同其他将领一样面临着何去何从的选择。当他听说冯玉祥已经北渡，即带领第六师由郑州渡河北上。恰在这时，蒋介石派飞机给他空投委任状，任命他为第二十三路军总指挥，但张自忠拒绝投蒋。他对部下说："我们做军人的，很要紧的就是忠诚。现在西北军失败了，很多人背叛了冯先生，但我张自忠不会这样做。"第六师随即渡河北上，进入蒋军尚未控制的山西省。

西北军的失败葬送了一大批将领的政治前程。但张自忠是幸运的，他仍掌握着数千人的部队，这成为他谋求新的政治生命的基础。从此，一种不同于西北军时代的新生活开始了。

人生低谷

随着国内外形势的发展变化，国民政府的对日政策开始发生引人注目的变化。1935年，日本通过华北事变攫取了对冀察两省的种种特权，并迫使国民党及中央军退出平津河北，这对于国民政府是一个深重刺激。日本在华北的侵略扩张也损害了英美的利益，招致了英美的不满。在这同时，中国共产党和工农红军通过万里长征转移到西北地区，无形中减轻了对国

民党统治的威胁和压力。"两害相权取其轻"。从 1936 年开始，蒋介石的对日政策逐渐趋向强硬化，并在暗中通过种种渠道与共产党接触，探索联合抗日的可能。西安事变的和平解决，基本上结束了十年内战。1937 年 2 月召开的国民党五届三中全会又在实际上接受了共产党提出的国共合作的主张。至此，抗日民族统一战线初步形成。在华北，处于日蒋之间的冀察当局也逐渐趋向中央化，与南京政府的关系日益紧密，并开始大规模组织平津学生军训。国民政府和冀察当局的政策转变，引起日本的强烈不满。为阻止这一趋势，日本加紧了对华战争准备。

　　一场石破天惊的大事变果然发生了。7 日深夜，在卢沟桥外回龙庙一带演习的日军中国驻屯军步兵旅团第一联队第三大队第八中队，突然以听到"非法射击"和"一名士兵失踪"为由，要求进入宛平城内搜查，遭到守军拒绝。7 月 8 日清晨，日军悍然向卢沟桥和宛平城发动攻击，守军奋起抵抗。这就是震惊中外的七七卢沟桥事变。卢沟桥事变使中国人民压抑很久的抗日情绪如火山一般爆发了。一时间，举国上下同仇敌忾，群情激愤。中国共产党也发表通电，呼吁抗战。事变发生时，宋哲元在山东老家乐陵，冯治安在河北省会保定，张自忠在北平卧床治病，高级官员中唯有北平市长秦德纯在平主持工作。10 日夜里，日军驻北平特务机关长松井太久郎与日本驻平陆军助理武官今井武夫冒雨来到椅子胡同张自忠私邸，径直找他交涉。今井武夫在回忆录中写道：看到他那种容颜憔悴、横卧病榻而进行交谈的样子，甚至对他产生令人怜惜的悲壮之感，其诚恳的态度更给人一种好感。然而出乎他们的意料，张自忠听了松井提出的条件之后，非但不答应处分"肇事"的负责人，对于撤退卢沟桥附近中国军队的问题，也不过主张调换一下部队而已。松井和今井无功而返。中国驻屯军参谋长桥本群与张自忠的交涉，也因意见相左而没有结果。11日晚，宋哲元从山东返抵天津，张自忠由平返津迎宋。此时宋哲元同张自忠一样，认为"目前日本还不至于对中国发动全面战争，只要我们表示一些让步，局部解决仍有可能"。实际上，日本政府已经做出了扩大战争的决策，华北日军与冀察当局的交涉只是缓兵之计，而此时的宋哲元还幻想着当他的"华北王"，对此日军意图缺乏清醒判断，仍致力于通过交涉解决事变，并与日方签订了停战协定，令张自忠留守北平，缓冲中日关系。

卢沟桥事变发生后，南京国民政府以"应战而不求战"为应付事变的基本方针。从这一方针当中，冀察当局看不出蒋介石发动全国抗战的决心，尽管蒋介石多次致电宋哲元，要他去保定坐镇指挥，但宋认为事变尚有就地解决的可能，因而没有从命。

但张自忠力求就地解决事变的态度使舆论界对他的误解进一步加深了。在一般人看来，张自忠无疑是"主和派"的代表人物，离汉奸只有一步之遥。平津舆论界乃至二十九军当中都广泛流传着"三十七师打，三十八师看"的说法，言语中透着对张自忠的不满。当时的一家报纸刊登了一篇题为《要对得起民众》的短文，说："张自忠在津宣言：'我姓张的决不做对不起民众的事。'我们闻其'声'，如见其人。拍着胸膛硬碰，好像不失'英雄'本色。……这样并无用处，事在做给人看。"张自忠看了这篇文章，神色严肃地说："我倒是同意他的观点，谁是民族英雄，谁是混账王八蛋，将来看事实吧！"

自从第一次突围出城的尝试失败后，张自忠又有几次试图冒险出城，但均未成功。从此，困处孤城，一日数迁，椅子胡同也被日军查封。在此之前，他的家眷已迁至天津。8月6日，张自忠偕副官廖保贞、周宝衡躲

进了东交民巷德国医院；同时通过《北平晨报》等媒体发表声明，宣布辞去所有代理职务。8月8日，日军举行大规模入城式。5000名日军荷枪实弹，耀武扬威地从永定门经前门开进城内。古都北平，在夏季沉闷的死气中，被日军正式占领了。为及早脱离虎口，南下参加抗战，张自忠一面派廖副官密赴天津，找赵子青商量脱险之计，一面派周副官南下，了解部队情况。

赵子青是英国怡和洋行的买办商人，因为二十九军购办军火而与张自忠熟识。他年轻干练，为人仗义，结交也很广，与许多外国商人有联系。他连夜找到一位被称为"甘先生"的美国商人，此人经常驾车往来于平津之间，具有便利条件。甘先生表示乐为效力。在得到美国驻天津领事馆批准后，他即同赵子青研究营救办法，由廖副官暗中布置，密传消息。再说周宝衡副官，潜出北平后一路向南追寻，终于在黄河南岸东阿一带找到了队伍。李文田、黄维纲、刘振三、李致远等几位将领得知师长的消息，大为惊喜，一致要求师长早日归队，率部抗战。刘振三更是急切地表示："师长什么时候回来？我亲带400便衣到北平城郊外接他"。

周宝衡风尘仆仆返回北平报告情况，张自忠即给几位部将回了一封信，命周即刻返送，信中用暗语写道：我自接了聘书，怎么能不去上课呢？期满，我就要辞职回家，你就不用来了。一切计划布置就绪，张自忠开始行动了。9月3日凌晨，他一身工人装束，从福开森家中徒步而出，来到大烟筒胡同至朝阳门的一条马路旁，等候汽车来接。不一会儿，甘先生果然开着一辆挂有意大利国旗的小卧车，来到预定地点。张自忠上车坐在甘先生身旁，装成司机助手的模样。趁天色未明，他们疾驰至朝阳门。当时日军在平津所有交通线上均设卡盘查，极为严紧。朝阳门的日军士兵

见有卧车驶至，即示意停车检查，他们翻腾、端详了一阵，没有看出破绽，便放行通过了。

张自忠事先接到赵子青通知，已等候在赵家客厅内。张自忠进屋后，倚坐在沙发上。持续多日的疾病折磨，加上沉重的精神压力，使得他面黄肌瘦，疲惫不堪。他凝目沉思，呆呆地坐了很久。室内静悄悄的，谁也没有开口讲话。后来，张自忠打破沉默，对自明说："你回家去吧，以后家里的一切事情，同你嫂子商量处理，不要问我了。"

黄金岁月

1930年中原大战后，冯玉祥军事集团被瓦解，张自忠所部被蒋介石收编。1931年后，张自忠曾任第29军第38师师长、第59军军长、第33集团军总司令兼第5战区右翼兵团司令等职。1937年，上海、南京相继沦陷后，日本侵略者又把兵锋直指徐州，志在夺取这一战略要地。1938年3月，日军投入七八万兵力，分两路向徐州东北的台儿庄进发。待至临沂、滕县时，同中国军队发生了激烈的战斗。当时守卫临沂的是庞炳勋的第3军团。由于实力过于悬殊，伤亡惨重，庞部亟待援军。张自忠奉调率第59军以一昼夜180里的速度及时赶来增援。张自忠与庞炳勋原是宿仇，但他以国家、民族利益为重，摈弃个人恩怨，率部与庞部协力作战。敌军在飞机大炮掩护下，配合坦克、装甲车向茶叶山阵地发起进攻。张自忠以"拼

死杀敌""报祖国于万一"的决心，与敌激战，反复肉搏。茶叶山下崖头，刘家湖阵地失而复得达三四次，战况极其惨烈。经过数天鏖战，敌军受到重创，节节败退。中国军队相继收复蒙阴、莒县，共歼敌4000余人。不久，日军再派坂本旅团向临沂、三官庙发起攻势，妄图有所突破。张自忠和庞炳勋部两军奋力拼杀，经彻夜激战，日军受到沉重打击，其向台儿庄前线增援的战略企图被完全粉碎，保证了台儿庄大战的胜利。

一九三八年的临沂战役中，五十九军与敌鏖战七昼夜，卒将日军号称"铁军"的板垣师团击溃，取得了振奋人心的胜利，自己也付出了重大的牺牲。经过这次战役，人们对张自忠的看法有了很大变化。不久之后，张自忠又率部参加了武汉会战，在横川与敌血战十日，重创日寇于河南潢川，随即又被晋升为第三十三集团军总司令，进驻鄂西荆门县一带，在汉水两岸与日寇展开了周旋。

从1938年11月到1939年4月初，短短4个月里，张自忠指挥所部接连进行了4次中小规模的战役，歼敌不下4000人，其中二月的京山之役战绩尤佳。国民政府主席林森签发命令，授予张自忠宝鼎勋章一枚。1939年5月2日，国民政府又颁布命令，为张自忠加授上将军衔。

1939年5月，中日两军在鄂北地区展开了第一次大交锋——随枣会战。5月1日拂晓，日军在强大火力支援下，向襄河以东张自忠右翼兵团一八〇师和三十七师发起猛烈进攻。我军凭借工事顽强抗击，以血肉之躯支撑着并不坚固的防线，连续打退敌人三次进攻。战至6日，日军发起第四次进攻，我军阵地终于被突破，狮子山、杨家岗、长寿店、普门冲、黄起庵相继失守。8日拂晓，张自忠率幕僚及总部人员冒雨渡河，向东疾进。5月10日，该师在田家集以西之大家畈伏击日军辎重联队，一举歼灭其

1000 余人，并缴获军马数十匹、运输艇 30 余艘、军用地图、弹药给养和药品一大批。由于该辎重联队的覆灭，日军渡河攻击襄樊之计划落空了。

随枣会战中国军队共歼敌 1 万余人。其中张自忠右翼兵团歼敌 4500 余人，缴获军马 74 匹及大批军用物资；自身伤亡 4414 人，失踪者 2702 人，其中又以五十九军付出代价最大，伤亡达 2153 人，失踪者 2381 人。

1939 年 12 月张自忠率领右翼兵团参加冬季攻势。12 月 12 日，随着张自忠一声令下，右翼兵团数万大军一齐向当面之敌发起猛烈攻势，枪炮在呼号的寒风中轰鸣，声震山河。经过八昼夜血战，三十八师终于攻克罗家陡坡北面的曾家大包。随后，又在王家台子一带杀伤日军 1500 多人。

在指挥部队展开正面进攻的同时，张自忠还策划了一次奇袭行动。命一三二师三九五团（团长任廷材）并配属三九四团一个营，对日军第十三师团第一〇三旅团旅团部实施夜袭。此战，我军以伤亡 280 人代价，歼灭日军近千人，缴获的战利品，用两个运输营的驮马搬运两天方运完。此后，敌我双方在钟祥、长寿店一线对峙，二十九集团军也因攻击无进展而与敌相持。但这时日军第十三师团向汉宜公路反攻，郭仟之江北兵团伤亡惨重，于 22 日撤回襄河西岸。这样一来，右翼兵团陷入孤军苦战，日军得以将兵力集中，攻击我右翼兵团。我军各路出击部队纷纷告急，要求后撤。

但张自忠不为所动，他在电话中对要求撤退的部将说："来电总说牺牲惨重，营长以上的官长阵亡了几个？今天退，明天退，退到西藏敌人也会跟踪而追。现在是军人报国的时机，我们要对得起国家，对得起民族，对得起已死的弟兄。希望你苦撑几天，以待援军，免得你我成为国家的罪人！现在只准前进，不准后退！阵地就是我们的坟地，后退者死！"

　　官兵们咬牙坚持，在长寿店南北之线与敌鏖战。张自忠适时将总预备队第八十四军投入战斗，基本稳定了战线。此后应援右翼兵团的第七十五军和第五十五师于 1940 年 1 月初到达前线。2 月 14 日，张自忠下令反攻，日军抵挡不住，向东南溃退，我军跟踪追杀，斩获甚众。

　　这次全国性冬季攻势，是抗日战争期间正面战场国民党军发动的唯一一次战略性进攻战役。据统计，冬季攻势中第五战区歼敌 30804 人，俘敌 36 名，是战绩最大的战区；而第五战区又以张自忠之右翼兵团战绩居首，歼敌 1 万余人。在后来召开的一次军事会议上，蒋介石说："冬季攻势以张自忠主持之襄东战场收获最为可贵，实为各战场之模范。"

将星陨落

　　1940 年 5 月，日军为了控制长江交通、切断通往重庆运输线，集结 30 万大军发动枣宜会战。当时中国军队的第 33 集团军只有两个团驻守襄河西岸。张自忠作为集团军总司令，本来可以不必亲自率领部队出击作战，但他不顾部下的再三劝阻，坚持由副总司令留守，5 月 6 日晚致书副总司令兼 77 军军长冯治安一函："仰之吾弟如晤：因为战区全面战争之关系，及本身之责任，均须过河与敌一拼，现已决定于今晚往襄河东岸进发，到河东后，如能与 38 师，179 师取得联络，即率两部与马师不顾一切，向北进之敌死拼。若与 179 师，38 师取不上联络，即带马师之三个团，奔着我们最终之目标（死）往北迈进。无论作好作坏，一定求良心得到安慰，以后公私均得请我弟负责。由现在起，以后或暂别，永离，不得而知，专此布达。"他自己亲自率领2000多人渡河作战。

5月1日，张自忠亲笔昭告各部队、各将领："国家到了如此地步，除我等为其死，毫无其他办法。更相信，只要我等能本此决心，我们国家及我五千年历史之民族，决不至亡于区区三岛倭奴之手。为国家民族死之决心，海不清，石不烂，决不半点改变。"张自忠率2000多人东渡襄河后，一路奋勇进攻，将日军第13师拦腰斩断。日军随后以优势兵力对张自忠所部实施包围夹攻。张自忠毫不畏缩，指挥部队向人数比他们多出一倍半的敌人冲杀10多次。日军伤亡惨重。

5月7日拂晓，张自忠东渡襄河，率部北进。在日军集结重兵南下时，我方主力本应暂时规避，寻机集中力量分别围歼来犯之敌。但是，蒋介石被日方的假情报迷惑，错误判断形势，下令第五战区部队同时围歼南北两路日军。虽然张自忠在河东的部队只有五个师二万余人，兵力仅及对方一半，但军人以服从命令为天职，他立即根据自身情况调整部署。然而不幸的是，张自忠的电报密码被日军截获破译，他的军事部署已完全被敌方掌握。日军当即调集两个师团另加四个大队奔袭而来。14日，双方发生遭遇战。15日，张自忠率领的1500余人被近6000名日寇包围在南瓜店以北的沟沿里村。当日上午，日军发动进攻。敌我力量极其悬殊，战斗异常惨烈。至下午三时，张自忠身边士兵已大部阵亡，他本人也被炮弹炸伤右腿。此时，他已撤至杏仁山，与剩下的十几名卫士奋勇抵抗，竟将蜂拥而至的日军阻于山下达两个多小时。激战到16日拂晓，张自忠部被迫退入南瓜店十里长山。日军在飞机大炮的掩护下，向中国军队的阵地发起猛攻。

一昼夜发动 9 次冲锋。张自忠所部伤亡人员急剧上升，战况空前激烈。

5 月 16 日一天之内，张自忠自晨至午，一直疾呼督战，午时他左臂中弹仍坚持指挥作战。到下午 2 时，张自忠手下只剩下数百官兵，他将自己的卫队悉数调去前方增援，身边只剩下高级参谋张敬和副官马孝堂等 8 人。

不久，大群日兵已冲到面前。根据日方资料，日军第四队一等兵藤冈是第一个冲到近前的。突然，从血泊中站起来一个身材高大的军官，他那威严的目光竟然使藤冈立即止步，惊愕地愣在那里。冲在后面的第三中队长堂野随即开枪，子弹打中了那军官的头部，但他仍然没有倒下！清醒过来的藤冈端起刺刀，拼尽全身力气猛然刺去，那军官的高大身躯终于轰然倒地。这时是 1940 年 5 月 16 日下午 4 时。

张自忠战死后，日本人发现张将军遗体，审认无讹，一起膜拜，用上好木盛殓，并竖木牌。并全军向他行礼，甚至在他的遗体运回后方之时，日军收到消息便下令停止空军的空袭一日，避免伤到张自忠的忠骸。可见，张自忠将军在对日抗战所展现军人武德，连当时崇尚军国主义的日军都为之感动。

当天深夜，日军设在汉口的广播电台中断正常广播，插播了张自忠阵亡的消息，并称："我皇军第三十九师团官兵在荒凉的战场上，对壮烈战死的绝代勇将，奉上了最虔诚的崇敬的默祷，并将遗骸庄重收殓入棺，拟用专机运送汉口。"

日军对张自忠将军表现了极大的崇敬，由军医用酒精仔细清洗遗体，并包扎好伤口，郑重装殓，放进赶制的棺材里。此棺被葬于一处山坡上，并立墓碑，上书："支那大将张自忠之墓"。

事隔十六年之后，1956 年冈村宁次在日本东京与来访的何应钦曾谈到

了张自忠之死，冈村宁次说："我们成了冤家对头，不过这种冤家对头奇妙无比。您也许知道，我以前在北平认识了张自忠司令官，而在进攻汉口之后，不幸得很，我们在汉水（即襄河）东岸之战两相对峙下来。那个时候战事爆发，张先生勇往直前，挥兵渡河，进入我方阵地，唯遇我方因战略关系向前进击，他竟冲至我军后面战死。他之死令我感慨无量，因我本身也随时有阵亡的危险。"

◎ 蔡廷锴

蔡廷锴（1892—1968 年），字
贤初。1892 年 4 月 15 日生于广东罗
定县一个贫苦农民家庭。9 岁入塾，
11 岁丧母，12 岁辍学，即随父做裁
缝、学医。蔡廷锴性格倔强，贫困
的生活，使他对旧社会具有反抗精
神。为寻找生活出路，加上当兵卫
国的朦胧思想，于 1909 年投入广东
新军。1922 年 5 月，孙中山督师北
伐，蔡廷锴参加攻克赣州的激战。
1925 年，回师广州，参加平定杨希
闵、刘震寰叛乱。1926 年 7 月，国
民革命军出师北伐。蔡廷锴升任第

蔡廷锴

十师二十八团团长，率部参加攻克平江、武昌等战役。

1927 年初，蒋介石与武汉国民政府对立，蔡廷锴调升第十师师长。在
蒋介石麾下参加了 1930 年蒋介石对阎锡山、冯玉祥的中原大战。后升任第
十九路军军长。1932 年 1 月 28 日夜，日军悍然向闸北一带进攻，十九路

军立即奋起抵抗，震惊中外的"一二八"淞沪抗战爆发。1月29日，蒋光鼐、蔡廷锴向全国发出通电，表示守土有责，尺地寸草，不能放弃，为救国保家而抗日，虽牺牲至一卒一弹，决不退缩。十九路军淞沪抗战振奋了全国军民的抗日精神。蔡廷锴由于指挥淞沪抗战功勋卓著，被誉为"抗日名将""民族英雄"。

蔡廷锴抵制蒋介石不抵抗政策，坚持抗战的立场，引起蒋介石的不满，冀图在与红军的作战中使十九路军消亡。1933年秋，蔡廷锴认识到进攻红军是中了蒋介石的计谋，毅然决定把"反蒋抗日反共"的方针改为"反蒋抗日联共"。10月26日，与中华苏维埃共和国临时中央政府和红军签订了《反蒋抗日的初步协定》。11月20日，"中国全国人民临时代表大会"在福州召开，李济深为主席，蔡廷锴任第一方面军总司令兼十九路军总指挥等职。1935年7月，与李济深、陈铭枢、蒋光鼐等在香港组织"中华民族革命同盟"，以争取民族独立，推倒南京蒋介石政府，建立人民政权。

"七七事变"后，蔡廷锴赶抵南京共赴国难。1939年先后出任第十六集团军副总司令、总司令。11月日军在防城、龙门等地登陆，进攻南宁，蔡廷锴调任第二十六集团军总司令。1944年8月与谭启秀等组织抗日游击队，打击日军。抗战胜利后，为反对蒋介石的独裁和内战政策，与李济深、何香凝、李章达等于1946年3月在广州组织"中国国民党民主促进会"，以实现革命三民主义。新中国成立后，蔡廷锴当选第一、二、三届全国人大常委，中国国民党革命委员会第三、四届中央委员会副主席，对祖国统一大业做出了很大努力。1968年4月25日，在北京病逝。

立志当兵杀鬼子

　　蔡廷锴出生在一个贫苦农民的家庭，小时候，因为家里穷，只读了3年书，就辍学了。他的父亲为了能多挣些钱，学会了裁缝的手艺，后来也教他学裁缝。父子俩给人做衣服，得的工钱很少。有些人见蔡廷锴是小孩子，根本就不给钱。这在他幼小的心灵里，种下了对不公平社会的不满。

　　帝国主义列强侵略和瓜分中国，中国人民不堪忍受帝国主义的侵略，纷纷起来反抗。那些英勇杀敌的将领们，都是民间老百姓歌颂的英雄。蔡廷锴特别爱听英雄们的故事。一天，父亲的一个朋友到家中做客，谈到英雄刘永福率领军民抗击法国侵略军和斩杀日本强盗的故事，讲得有声有色。蔡廷锴也听得津津有味。听着听着，他坐不住了，跳起来，大声喊道："我也要投军！去杀鬼子！"

　　"你的志向很好，但你现在还是个孩子啊！"大人们说。"长大了，我就去投军！"蔡廷锴坚持说。罗定县地方偏僻，交通文化都比较落后。那时候穷孩子要想为国效力，有出头之日，只有当兵一条路。蔡廷锴也决定这么做。15岁那年，他瞒着家里去投军，被家人追了回来。

　　过了两年，征得家人的同意，他第二次投军，参加了广州新军，当兵的愿望终于实现了。不多久，辛亥革命爆发，他又转入广东省警卫军。有一次，他回家探亲，没想到回部队的时候，部队已经转移了。他没能归

队，懊丧极了。

直到 27 岁那年，家乡成立了民团，蔡廷锴因为当过兵被选为副指挥。后来，民团转为正式军队，他当了排长。从此，他正式开始了军人生涯。

在抗战中，蔡廷锴一直坚持在前线指挥，亲自参加战斗。一次战斗结束后，士兵们刚要休整，日军又发动了进攻。官兵们马上又投入战斗。敌人冲上来，双方展开肉搏战，杀得难解难分。正在这时候，一个高个子长官手握双枪，从后面奔跑过来，高喊着："弟兄们，杀呀!"士兵们一看，不觉欢呼起来："蔡军长来了!"

蔡廷锴带着增援部队冲上前去，亲手击毙了一名敌人军官。这一仗，中国军队又取得了胜利。十九路军的英勇抗战，受到全国人民的热烈拥护，慰问电报和慰问品从四面八方送到军部指挥所。蔡廷锴命令卫兵说："把这些酒搬到车上去，开往吴淞炮台，慰劳战士们!"

"军长，敌人不断打炮，太危险!""危险也要去!"蔡廷锴坚决地说。蔡廷锴带着车队来到前沿阵地，把酒送到战士手中。战士们备受鼓舞："军长来慰问我们来啦!"阵地上一片欢呼声。

"弟兄们!"蔡廷锴大声说，"你们立了大功! 这 60 年的老陈酒，是人民慰劳你们的。你们一定不能辜负人民的希望，死守阵地，与鬼子战斗到底!""决不辜负人民的希望，誓死抗战!"士兵们高声回答着。酒瓶从一个士兵的手中传到另一个士兵的手中，望着蔡廷锴布满血丝的眼睛，士兵们激动得说不出话来。

十九路军的抗战坚持了一个多月。中国军队只三万多人，就抗击了日军八万多人海陆空的全面进攻。敌人三次增兵，三次换主帅，都没能得逞。蒋光鼐、蔡廷锴被人们称为"抗日民族英雄"，受到赞扬。后来，南

京政府向日军妥协，签订了停战协定。抗战有功的十九路军被调离上海，到了福建。蒋介石不让他们抗战，却命令他们去进攻革命根据地，"围剿"中国工农红军。

蒋蔡二人过去一直是蒋介石的得力将领，可是这一次，他们不再相信蒋介石了。两个人不约而同地想到了一起："日本侵略，国家危急存亡是头等大事，怎么能还打内战呢？""是啊，共产党提出停止内战一致抗日，是对的。蒋介石不抵抗政策不得人心。""我们不能跟他干仇者快，亲者痛的事了！"

十九路军到了福建，蒋光鼐被任命为绥靖主任，负责对付红军。蔡廷锴升为十九路军总指挥。可是蒋光鼐不愿打内战，一气之下离职回广东老家去了，特务们把他列上暗杀的黑名单！蔡廷锴失去了蒋光鼐的合作，感到许多事不好办，就到广东找到老战友，说："你要是不干，我也辞职，十九路军就完了。你忍心吗？""好吧，我回去。"蒋光鼐说。于是，两个人又一道共事了。可蒋介石对蒋光鼐不放心，不久就把蔡廷锴升了官，比蒋光鼐大。蔡廷锴明白蒋介石的用意是想拉拢自己。他对蒋光鼐说："你是我的老上级，现在变成了我的下级，我不能这样做，我不干。再说蒋介石这样做是为了分裂十九路军，让我听他的！"

"你不要感情用事，要以大局为重，就上任吧！"蒋光鼐说。于是，他们一起商量了对付蒋介石的办法，一方面努力在福建立稳脚跟，一方面避免与红军作战，为抗日反蒋准备条件。

发动福建事变

1933年11月20日，李济深、陈铭枢、蒋光鼐、蔡廷锴、等人以国民党第十九路军为主力，在福建发动的抗日反蒋事件，简称"闽变"。1931年"九·一八"事变后，李济深、陈铭枢、蒋光鼐、蔡廷锴等人由于他们的抗日要求和行动得不到蒋介石政府的支持，与蒋的矛盾日益激化。1933年6月1日《塘沽协议》签字后第二天，蒋、蔡在福州发表通电，反对蒋介石对日妥协，出卖华北。接着又在中国共产党抗日主张的影响下和"剿赤"军事失败的刺激下，放弃了抗日与"剿赤"并行的方针，于10月26日派代表至江西瑞金与中国工农红军签订《反日反蒋的初步协议》，为事变的发动创造了有利条件。

11月20日，李济深等在福州召开中国人民临时代表大会，发表《人民权利宣言》。福建事变爆发。21日，李济深等通电脱离国民党，随后联合第三党和神州国光社成员发起成立生产人民党，以陈铭枢为总书记。22日，中华共和国人民革命政府宣告成立，由李济深、陈铭枢、陈友仁等十一人任委员，李济深任主席，改民国二十二年为"中华共和国元年"，并宣布革命政府的中心任务是外求民族解放，排除帝国主义在华势力；内求打倒军阀，推翻国民党统治，实现人民民主自由，发展国民经济，解放工农劳苦群众。

中华共和国人民革命政府成立后，受到各地民众和海外华侨的拥护，但同时也遭到蒋介石政府的舆论攻击和军事镇压。12月下旬，蒋介石抽调进攻江西苏区的嫡系部队十余万人，以蒋鼎文为前敌总指挥，在海、空军的配合下，由赣东和浙江分路进攻延平、古田等地。1934年1月上、中旬，延平、古田、福州先后被蒋军占领，中华共和国人民革命政府和十九路军总部分别迁往漳州和泉州。21日，泉州、漳州相继失守，福建事变终告失败。李济深、陈铭枢、蒋光鼐、蔡廷锴逃往香港，第十九路军的番号被取消，军队被蒋介石改编。

◎ 严 重

严重（1892—1944年），又名严立三，湖北麻城人。国民党陆军中将。曾经担任过黄埔陆军军官学校总队长、训练部长，被称为"黄埔良师"。北伐时，他出任东路军第二十一师师长，屡挫强敌，赢得了"北伐名将"的声誉。抗战期间，严重任湖北省民政厅厅长、代理省主席，为人清高，超世不群，被视为湖北三"怪杰"之一。严重的生平著作主要有《礼记大学篇考释》《大学释义》《大学辨宗》《道学宣言》《庄子天下篇绪论之杂淡》等。

严 重

民主革命家严重

1911年，严重因事到湖北，适逢辛亥革命爆发，即投充忠义军二营当司书。他曾上书统领王国栋，论攻守之势及宣传军民的方法，颇得王的赞

许，当即调他到司令部办事，但严重辞而未赴。后营部升严为书记，严亦不就。直至清帝退位，严重离军而去，游淮徐，登泰山，览济南，至曲阜参观孔子庙。1912年8月，严重回安徽陆小复学，以第一名的成绩毕业于该校。1913年3月与杨佩秋结婚。1914年8月考入北京清河陆军第一预备学校，1916年升入保定军校。1918年毕业后分发至边防军当见习。

不久，严重以军阀相残，非救国本旨为由，又弃军而去，考入北京无线电传习所，期满后，留所服务，旋升为所长。其间，每日必到北京大学旁听，从不间断。1921年回原籍携带家眷赴宁，执教于某职业学校。不久，应广州友人电邀，于1923年至粤军第一师邓演达团当副营长。由于他治军很严，每役均获战功，旋升为中校团副兼营长。

1924年，国共合作创办黄埔陆军军官学校。严重在邓演达的推荐与邀请下，于次年3月到黄埔军校任入学考试委员，5月，任中校战术教官，8月，兼任学生总队副队长，至黄埔军校第二期，任上校总队长，第三期任术科主任兼总队长，第四期任国民革命军总司令部训练处处长、黄埔军校训练部主任。1925年9月后，担任黄埔军校第三届、第四届特别党部监察委员。

为了办好军校，照顾教官，军校向岛上海关租了一栋花园洋楼作为教官宿舍。这里条件优越，有宽敞高大的寝室，有随时可以沐浴的洗澡间，还有幽静的花园。但是，严重考虑到学生的艰苦生活，为了搞好工作，他自甘放弃这样优越的应得权利，住进了校内一间原由勤杂人员住宿的小室内。这里房小屋矮，阴暗潮湿，空气光线不足。严重这种与学生同甘共苦的精神和行为，有着极大的感召力，因此同学们都以严重师长为榜样，为了革命的需要，大家甘愿吃苦、流血、牺牲。故严重被黄埔同学誉为"最

受爱戴尊敬的三位师长之一。"

严重"视学生如家人，视教育如生命"。他的军事学很有基础，水平很高。他要求"指挥官必须熟练兵书，精通战术，才能适应战场上瞬息万变的情况，不失时机的作出决定。"因此，他非常重视战术课。严重讲课，重点突出，方法灵活，常把每周的战术课要点，编写成若干道课题，叫大家"逐题做好答案，准备抽查。"这使学生们上课更认真、收获更大。在严重上自习课时，室外的走廊上常站满了邻室的学生，他们在听严老师的讲课，在抄录严老师的课题，以至出现了邻班同学自动要求自习时与严老师的授课班并班学习。每次考试，凡经严重讲授的班级，战术课的成绩都最好。

严重对队列课也很重视，常集合总队学生于大操场，亲自讲授步兵操典。他不用翻书就能指出某页某行，内容是什么，讲得生动具体，趣味盎然，加以准确的示范动作，更是引人入胜，使人易懂愿学。他对同学管教很严，既匀严父，又为慈母，谆谆教导，不厌其烦。为了纠正一个动作，他反复示范、教练，亲手指导纠正，直至动作准确为止。他对那些带队长官，指挥出操只喊口令而不纠正姿势者，当场批评指正，从不迁就照顾。

严重治校很严，对学生纪律和生活作风，抓得很紧，要求很严，并身体力行。对于那些外出军容风纪不整，军人姿态不正者，都要作批评教育或罚其不准外出；对于不请假外出，或逾时不归者，轻则批评，重则禁闭；对于在校内饮酒、高声喧闹、违犯校规的学员，一律禁闭三天。严重信守"正人先正己"，要求别人做到的，必先自己做到。无论在群众集会的场所，或在礼堂上课之前，都不苟言笑，正襟危坐，给人以卓尔不群的感受。很多学生对他肃然起敬，自觉地学习他端庄肃穆而挺身端坐。严重

对学生纪律要求很严，但对学生的饮食起居则很关心。他与同学同饭厅就餐，不摆长官架子。以往每逢开饭都要等待校长蒋介石发口令"开动"，大家才能动手吃饭；饭后也得由校长宣布"随便"，大家才能离席分散。严重接受了大家的意见，宣布废除餐前"开动"、餐后"立正"的口令；要求军人动作要快，但又照顾大家都能吃饱。他还接受南北方同学对吃辣椒习惯的不同要求，当众宣布，采办要根据吃辣人数的情况，适当搭配辣料。炊事房要将辣味单独做，愿吃者就吃，不能吃者就不吃。真是体贴入微，合情合理。

严重老练稳重，朴实诚恳，品德高尚，思想比较进步。对于蒋介石、王柏龄等孙文主义学会分裂国共两党合作的反动行径，表示不满。对蒋介石发动的"三·二〇"反革命事件，更是不满和反对。他一心扑在军校的训练工作上。他带领军校学生参加第一次东征，把学校的理论学习应用于作战的实际，精心教导学生在实战中学习战术技术。他参加了黄埔军校从成立到北伐的第一、二、三、四期的全过程训练工作，作出了贡献，赢得了荣誉，受到了军校全体师生的尊敬与爱戴。

1926年6月，国民革命军北伐前，在广州成立扩充师，严重任师长。12月，扩充师改番号为第二十一师，严重仍任师长。由于他治军有方，管教得法，训练有素，二十一师很快获得了模范师的称号。严重率师由广州出师北伐，进击福建。严重能临阵周度地势，洞察敌友，审而后发，所向披靡，二十一师很快攻占福建，进入浙江。时刘峙的二师正与孙传芳精锐部队孟昭月部苦战于浙江龙游县，二师伤亡惨重，趋于不利之势。严重率二十一师及时赶到加入战斗，一举歼灭孟昭月部。从此，该师势如破竹，勇往向前，于1927年2月17日进占杭州，4月上旬攻克苏州。

二十一师战功卓著，严重的影响越来越大。因此，遭到何应钦、白崇禧、刘峙等人的嫉妒与攻击。严重一向光明磊落，不愿与人钩心斗角。3月下旬，邓演达曾打电话给严重，询问其对蒋介石的态度，严重复电力主北伐到底，打倒帝国主义，打倒军阀，明确地表示不愿随蒋倒行逆施。4月初，蒋介石曾派曾扩情持蒋介石的亲笔信去苏州见严重，要严将在二十一师工作的共产党员，一律押解到上海，听候发落。曾扩情到苏州还未来得及交信时，蒋介石又派其侍从副官宓熙乘专车赶到苏州，告曾："信不可交，交了也得收回。"蒋介石原先想考验严重，后又恐在二十一师"清党"会引起共产党人的警惕，难收一网打尽之效，故又派人追回文件，改为亲召严重谈话，询问严重对邓演达的态度。严重将邓的来电与他的复电，据实以告，蒋深表不悦。不久，蒋介石就去上海，发动了震惊中外的"四·一二"反革命事变，对共产党人实行惨绝人性的血腥大屠杀。严重得此消息，对蒋深恶痛绝。为履行邓演达与他自己的主张，为避免二十一师遭到解散的命运，严重立即托病辞职，挂冠而去，寄寓于杭州僧寺中。他在临行前，推荐陈诚继任二十一师师长的职务。

严重一走，部队失去了重心。陈诚刚由团长当上师长，他在二十一师的威信还没有树立起来，因此，部队一时很混乱。1927 年 8 月，蒋介石下野，国民党军由何应钦统率，何应钦对陈诚久不满意，很不信任，于是借龙潭战役，陈诚因患胃病，坐轿上前线督战事故，免去了陈诚二十一师师长的职务。何应钦、白崇禧为了拉拢严重，就特意任命严重为"特别军委"军政厅长。陈诚不满何应钦而去找严重，严重代陈诚向何应钦解释"误会"，并保荐陈诚当了军厅政副厅长。陈诚更加感恩于严重。可是不久蒋介石又复职了，于是，严重又辞职不干。严重离开南京，孑身一人上匡

庐，筑室于太乙峰下，种菜折薪，悉以自任。陈诚虽奉蒋介石之命，几次亲赴庐山邀请严重下山到南京任职，但均被拒绝，坚决不肯在蒋介石手下任职。

1937年抗日战争爆发，11月上海失陷，12月南京陷落。1938年春，陈诚任湖北省主席、第六战区司令长官、武汉卫戌总司令，负责指挥武汉大会战。此时，陈诚恳请严重出山，料理湖北政务，委以民政厅长代理湖北省政府主席职务。陈武严文，合作抗日。1938年10月，武汉会战失败，湖北省政府西移恩施，严重辞去本代各职，携带家小，移寓于宣恩山中，扶助垦民，整理旧著，坚决不肯再度出山，与蒋为伍。蒋怀恨在心，1944年4月30日，将严重谋害，时年53岁。

◎ 佟麟阁

佟麟阁（1892—1937年），原名凌阁，字捷三，河北省高阳县边家坞村人。七七事变时，指挥第二十九军浴血抗战，喋血南苑，壮烈殉国，是全面抗战爆发后捐躯疆场的第一位高级将领。佟麟阁20岁时投笔从戎，入伍于冯玉祥麾下，转战南北，深为冯玉祥器重。1930年中原大战冯玉祥讨蒋失败后不久，佟麟阁与冯玉祥解甲归田，寻求救国之路。

佟麟阁

1932年，佟麟阁应第二十九军军长宋哲元的邀请出山任职，1933年日军占山海关后，宋哲元任命佟麟阁为张家口警备司令，安定后方。2月，第二十九军奉命在喜峰口抗击日寇，佟麟阁在后方积极备战，维持局势，保障供给，使前线将士无后顾之忧。1933年5月，冯玉祥在张家口组织察哈尔抗日同盟军，佟麟阁任同盟军第一军军长兼代察省主席，领导对日作战。同盟军被迫撤销后，佟麟阁退居

北平香山，以待报国之机。

宋哲元担任冀察政务委员长后，任命佟麟阁为第二十九军副军长兼军事训练团团长，负责军事，坐镇南苑。"七七"事变爆发后，佟麟阁以副军长之职负责军事指挥，以军部名义向全军官司兵发出命令：凡是日军进犯，坚决抵抗，誓与卢沟桥共存亡，不得后退一步。1937 年 7 月 28 日，日军向北平发动总攻击，中国第二十九军奋力抵抗，佟麟阁亲临前线英勇指挥。南苑是日军重兵进攻的主要方向，佟麟阁与一三二师师长赵登禹誓死坚守，不幸头部受重创，壮烈殉国，时年仅 45 岁，是我国为抗战牺牲的第一位高级将领。

1937 年 7 月 31 日，国民政府追赠佟麟阁为陆军上将。1946 年 7 月 28 日，国民政府又以隆重的国葬，将佟麟阁将军的灵柩从柏林寺移葬于北平香山的兰涧沟的坡地上，并将西城区的一条街更名为佟麟阁路。中华人民共和国建立后，佟麟阁将军被追认为革命烈士。

"佟善人"打仗

佟麟阁出生在一个农民家庭。他的父母盼望自己的儿子长大后能有出息，省吃俭用，供他进了私塾。私塾老师是佟麟阁的舅父，见他性情刚毅，刻苦好学，很是喜爱，常给他讲一些古人爱国的故事。他从小就立志当报效祖国的英雄。1911 年，19 岁的佟麟阁加入了冯玉祥的部队，开始了军人生涯。冯玉祥治军严明，他的军队爱国不扰民。佟麟阁受到很好的训练，作战勇敢，受到各级长官的器重，很快由一个普通士兵，升为连长。平时，他处处以身作则，和士兵同甘共苦，在士兵面前，他从不摆架子，从不随意打骂，把士兵当成骨肉兄弟看待。士兵们知道他心眼好，都在背地叫他"佟善人"。

佟善人还有一个长处，就是爱读书。那时候当兵的，很少有识字的，佟麟阁因为有文化，所以每天都读书写字，还记日记。爱才的冯玉祥特别器重他，很快把他提升为旅长、师长。佟麟阁爱读书，打仗也是有勇有谋。1924 年，冯玉祥发动北京政变后，退出北京。佟麟阁奉命断后，把守南口，阻止追击的奉军。他利用山势指挥筑工事，埋地雷，挖陷阱，做好准备。奉军赶到后展开强攻，佟麟阁率部坚守。他的兵力比奉军少得多，可一直守了四个月，牵制了大批敌军。后来人们一提到佟麟阁，总忘不了著名的"南口战役"。

誓志抗日报国

佟麟阁受冯玉祥的影响，治军很严，为人很正直。他常用"文官不爱钱，武官不惜命"的名言来要求自己，勉励别人，特别痛恨官场上的腐败作风。有一年，他驻军甘肃天水，当军长又兼任地方长官。有个作恶多端的县长，怕自己做的坏事被发现而丢官，就带着厚礼来见佟麟阁。"你来

找我有什么事？"佟麟阁沉着脸问。"这一点小礼物，略表心意，请将军收下。"县长说着，递过一个包。佟麟阁一拍桌子，大声呵斥道："你为官一方，横行乡里，以为我不知道吗？我问你：摊派苛捐杂税，强收租谷，调戏民妇，是不是真？""这……""今天你还想贿赂我！我要撤你的职，就地查办！"

佟麟阁不徇私情。有一次，他的族弟佟振清在军中偷吸鸦片。他知道后，亲自打了这个族弟几十军棍，又关进禁闭室。他还常常穿着便服，走街穿巷，走进民宅，和老百姓拉家常，了解民情。看到当地教育落后，就办起了学校；见到一些孤儿四处讨饭，就建起了孤儿院；还号召妇女不缠足，打击吸毒行为。老百姓都说他是清官。

1931年，"九·一八"事变发生，日本侵略者占领东北后，又向华北进犯。佟麟阁参加了有名的长城抗战，立下了战功。后来，他出任第二十九军副军长，驻守在北平南苑。这时候，华北地区的中国军队只有第二十九军了。佟麟阁深感责任重大，做好了与日寇血战的准备。他组织了军官训练团，进行抗日教育。在训练团成立的大会上，佟麟阁对学员们说："我们二十九军是抗日的部队，全国父老兄弟都对我军寄予厚望。现在，我们国家和民族正处在生死存亡的重要关头，我们要积极练兵，准备上战场杀敌。战争一旦打起来，我佟麟阁一定和大家一起，拿起武器，奋勇杀敌，为国家和民族的存亡献身！"

佟麟阁还叫人编了第二十九军军歌，一有空就指挥大家唱：

风云恶，陆将沉，狂澜挽转在军人；扶正气，厉精神，诚真正平树本根，锻炼体魄，涵养学问，胸中热血，掌中刺刀，同心同德，报国雪恨，复兴民族振国魂。

有一天，佟麟阁对学员们提起抗战的事，对南京政府的不抵抗政策十分不满。他说："如果中央现在下令抗战，我佟麟阁不身先士卒，不冲在最前面，你们就把我押到天安门前，当众挖我的双眼，割我的双耳！""誓死不当亡国奴！"学员们听了，都激动地发誓。

为国牺牲多壮志

1937 年 7 月 7 日，驻在北平西南的日军借口有日本士兵失踪，偷袭驻守在卢沟桥的中国第二十九军，震惊中外的"卢沟桥事变"爆发了。当时第二十九军军长宋哲元不在北平，副军长佟麟阁接到日军开火的报告，立即下令："坚决还击来犯之敌！"

第二十九军的将士们向日寇发起了猛烈还击。卢沟桥畔，彻夜震响着抗击日寇的枪声。伟大的抗日战争从此开始了。在战斗进行中，佟麟阁紧急召开了全体将校会议。会上，有的军官担心敌强我弱，有些胆怯。佟麟阁厉声说："在日寇进攻面前，杀敌救国，是军人的天职，战死者荣，偷生者辱！个人生死事小，国家民族存亡事大！作为军人，我们只有马革裹尸，以死报国！"在他的激励下，将士们群情激昂，呼出了"杀敌救国，军人天职"的口号，发出了"卢沟桥是我二十九军的坟墓"的誓言，通电全国，表达了誓死抗战的决心。

佟麟阁以军部名义下达命令："凡有日军进犯处，都要坚决抵抗，誓与卢沟桥共存亡，不得后退一步！"他还给军长宋哲元写信表示："守卫平津的责任交给我了，我一定以死来保卫！"他在这期间，一直在南苑军部指挥，家中老父病重，他也一刻没能离开。日军在付出惨重代价后，决定扩大战争，大批的日军不断集结向北京步步逼近，开始向北平驻军全面进攻。

在强敌面前，佟麟阁和第二十九军的将士们毫不退缩，浴血奋战，寸土不让。7月28日，大批的日军步兵、骑兵，在飞机、坦克和大炮的掩护下，疯狂地向南苑阵地扑来。敌机的狂轰滥炸，使第二十九军的将士们伤亡很大。激战中，佟麟阁一直坚守在前沿阵地。战斗从早晨打到下午，敌人仍然不能前进一步，又去进攻永定门外的大红门阵地。

"跟我去堵截鬼子！"佟麟阁说着，带队出发了。不料在途中，他们被日军包围了。在突围时，佟麟阁腿部中弹，鲜血直流。士兵们要把他架下去。他大声说："抗敌事大，个人安危事小，不要管我，快去杀敌！"这时候，一颗炸弹在离佟麟阁很近的地方爆炸了，弹片击中了他的头部。他猛地晃了一下，倒了下去。佟麟阁牺牲了，实现了他为国而死的誓言。他是抗日战争中第一位牺牲的中国高级将领。为了纪念他，北京西城区有一条街道，被命名为"佟麟阁路"。

◎ 杨虎城

　　杨虎城（1893—1949 年），陕西蒲城人。曾参加辛亥革命、讨袁战争和策应北伐，历任靖国军第三路司令、陕北国民军前敌总指挥、国民革命军第十七路军总指挥、陕西省政府主席、国民党中央监察委员等职。"九·一八事变"后，为挽救民族危亡，响应中共抗日民族统一战线号召，反对"攘外必先安内"政策，与红军秘密停战。1936 年 12 月 12 日，与张学良一起发动"西安事变"，扣留了蒋介石，迫使蒋介石接受"停止内战，一致抗日"的主张。

杨虎城

　　1937 年 6 月 29 日，蒋介石逼令杨虎城出国考察。"七七事变"后，杨虎城多次要求回国，均遭拒绝。1937 年 11 月，杨虎城自动回国参加抗战，抵香港即被监视，后被以"总统召见"为名骗至南昌秘密扣押。先后囚禁

于长沙、益阳、息烽和重庆杨家山等地，长达 12 年之久。1949 年 8 月，蒋介石向毛人凤下达了密裁杨虎城的指令。9 月 6 日，杨虎城父子、小女儿及秘书宋绮云一家，被骗至重庆歌乐山松林坡"戴公祠"杀害，时年 56 岁。

主要事迹

1924 年，杨虎城加入国民党，拥护孙中山的联俄、联共、扶助农工的三大政策。1924 年北京政变后，他任陕北国民军前敌总指挥，先后率部击败镇嵩军和陕西督办吴新田部。遂任国民军第 3 军第 3 师师长，聘共产党员在其举办的三民军官学校和所属部队任职。1926 年，杨虎城与国民军第 2 军李虎臣等部联合坚守西安孤城达 8 个月之久，以不足 1 万兵力抗击 7 万镇嵩军，从战略上策应了北伐战争。1927 年初他就任国民军联军第 10 路军司令，旋改任国民革命军第二集团军第 10 军军长，率部东出潼关会攻河南。后任国民革命军第二集团军第 21 师师长。

"四·一二"反革命政变后，杨虎城拒绝在所部"清党"。1928 年 11 月就任第二集团军暂编第 21 师师长。次年蒋介石与冯玉祥关系濒于破裂，率部附蒋，任新编第 14 师师长，驻防河南。杨虎城先后参加蒋冯战争和蒋唐（生智）之战。1930 年蒋冯阎战争中，杨虎城相继任蒋军第 7 军军长、第 17 路军总指挥，率部攻击冯军。同年 10 月兼任陕西省政府主席。

1931 年九·一八事变后，杨虎城反对蒋介石的"攘外必先安内"政策，积极主张抗日。次年 1 月任西安绥靖公署主任。1933 年他曾请缨抗日，遭冷遇。同年 6 月，所部与川北的中国工农红军第四方面军达成互不侵犯默契。1935 年杨虎城任陕西绥靖公署主任，奉令调兵在陕南阻截红 25 军，遭到痛击。同年 4 月被授为陆军二级上将。

在中国共产党抗日民族统一战线政策影响下，杨虎城逐渐倾向联共抗日，反对蒋介石的"攘外必先安内"政策，并与东北军张学良消除隔阂，从而在抗日救国的基础上在西北形成红军、东北军、第 17 路军三方合作的局面。1936 年 12 月杨虎城趁蒋介石亲临西安督逼东北军和第 17 路军"剿共"时，在与张学良多次向蒋进谏无效后，于 12 日同张发动兵谏（西安事变），扣留蒋介石，并以八项抗日救国主张通电全国。经中共中央派周恩来等参与谈判，与蒋达成停止内战、共同抗日的六项协议，由此为蒋所忌恨。1937 年 1 月杨虎城被南京国民党政府撤职留任。6 月被迫出国"考察"，游历美、英、法、德等国，宣传抗日主张。"七七"卢沟桥抗战爆发后，杨虎城多次向蒋介石发电，要求回国抗日，遭拒绝。1937 年 11 月底他由法国回到香港，准备参加抗日工作，随后被诱至南昌囚禁。在此以后的 12 年中杨虎城一直被监禁，先后关押于湘、黔、川等地。1949 年 9 月国民党兵败溃逃时，杨虎城被蒋介石下令杀害于四川重庆戴公祠。

狱中生活

山河破碎，夫妇离散，杨将军吼道："这种日子我一天也过不下去了"1936年12月12日，张学良将军和杨虎城将军在中国共产党抗日民族统一战线政策的影响下，毅然发动了"西安事变"，扣留了蒋介石，迫使蒋接受停止内战、一致抗日的主张。

"西安事变"和平解决后，蒋介石口口声声以"领袖人格"担保履行6项"诺言"，并发誓对参加"西安事变"人员概不追究责任。谁知蒋刚落脚南京，就迫不及待地对张学良搞了一套所谓"公审""判罪"和"严加管束"的把戏。10天后蒋又颁令，对杨虎城给予撤职留任处分。继而杨虎城被迫辞去西安绥署主任及十七路军总指挥职务并于1937年底被秘密关押。

1938年1月14日，为照料杨将军狱中生活，夫人谢葆贞同幼子杨拯中及副官阎继明、勤务张醒民，由西安飞抵汉口。经戴笠安排，于当年7月辗转到达益阳与杨虎城会合。从此，一行人都长期被关押军统集中营，直至壮烈牺牲。1938年，杨虎城等由南昌被押解到湖南益阳。秋天又由益阳移禁贵州息烽玄天洞。随行的阎继明、张醒民则关进息烽阳朗坝军统集中营。

关进玄天洞后，杨虎城将军就作了坐穿牢底的打算，故多次向特务队

提出，愿意自掏腰包，另建新牢，作为一家三口长期安身立命之地。戴笠同意后，杨虎城果真拿出400美金，在新洞洞口，自费修建了一所囚禁自己的牢房。铁窗生涯，早将他远抛在抗日洪流之外，可作为"逼蒋抗日"斗争发起人之一，他却一刻也未忘抗日战场。他自费订了一份报纸，每天总聚精会神地看上一二小时。一天，正读报有感，特务队员刘德怀过来催他休息，将军无限感慨地说："我出身行伍，关心的是如何将日寇逐出国门。而今大片国土沦丧，我怎么睡得着啊！"停停又说："你们年轻人为什么不去抗战，呆在这里干什么？这样下去不全完啦！"

玄天洞的最高主宰军统上校特务队长李家杰生性贪婪、残忍。无论杨虎城出资建房、购物，银钱一经他手，无不雁过拔毛。他秉承戴笠旨意，在日常生活中，对杨一家屡屡凌辱刁难，杨虎城将军虽心中气愤，却一直隐忍在心，未作计较。1941年春节后，谢葆贞在狱中生下一女，取名拯桂。添人进口，即在穷家小户，也是天大喜事。然此时此地，却使父母平添忧伤——杨拯中入狱不过3年，却长得瘦骨嶙峋，毛发枯白，母亲已觉悲痛；如今拯桂出生，由于饮食粗劣，无奶可喂，眼看孩子又得跟着受罪，夫妇俩怎不泪湿枕头？

一天，杨将军一家正正围桌吃饭，李家杰从门外进来，谢葆贞随口问起：为什么饭菜搞得这样糟糕？李不但毫无歉意，反出言顶撞。谢怒满胸膛，劈头一碗朝李砸去。李自知理短，撒腿便跑，从此不但放出谢有"神经病"的风来，并以害怕影响杨将军生活为名，坚决将谢葆贞和奶妈赶回老洞居住，活活拆散了这个家庭。

杨将军带着幼子拯中留在新洞。晚上，灯火熄灭，四野狼嗥，午夜梦回，既挂念留在西安的4个孩子的安全，又担心老洞阴湿，妻子病情加重，

止不住热泪长流。1942年夏，戴笠上山"检查工作"。杨虎城提起此事，就像沉睡多年的火山，蓦地喷发出千万吨炽热岩浆。杨怒指戴笠，高声吼道："你回去报告委座，要么将我枪毙，要么放我去打日本鬼子。这种日子，我可是一天也过不下去啦！"先让他痛快淋漓说了个够，等杨火气渐消，戴笠才见缝插话，把杨安抚下来。

1945年8月，传来日寇无条件投降，抗日战争取得最后胜利的消息。随着喧天的锣鼓，将军与夫人两颗冻僵的心灵，也萌发了"还我自由"的强烈希望：自己已被囚禁8年，难道还不足以抵偿蒋西安被扣半月的仇恨？然秋去冬来，蒋已"还都"南京，他们仍被盯死在玄天洞里，一步不能动弹。好容易挨到1946年7月16日清晨，才来了几乘滑竿，将杨虎城一家抬到息烽县城，再改乘汽车．于当天深夜驶抵重庆"中美合作所"特区，将他全家囚禁在杨家山囚室。

1949年1月21日，蒋介石宣布"引退"，由李宗仁任"代总统"。4天后，重庆各报登出李宗仁下令释放张学良、杨虎城消息。杨看过当天报纸，认为这下总该十拿十稳，绝对可以恢复自由了。谁知李宗仁名虽坐镇南京，却毫无实权，纯粹是个"摆设"。当李宗仁释放杨虎城的命令于1月26日下达重庆市政府后，市长杨森竟以"因非主管"和不明杨虎城下落为借口，把李代总统的命令软顶回去。同时，杨森还把李宗仁来电情况，暗中转告军统，让军统设法对付。

与李宗仁"有令不行"的情况形成鲜明对照，此时蒋介石虽已"引退"奉化，却仍在幕后专权，是国民党的最高主宰。蒋不但整个推翻释放张、杨的决定，还心怀叵测地对专程前来请示的毛人凤说："如果张、杨当年听我的话，不闹西安事变，那我早就把共产党消灭了，不会搞到如今

这样的局面。现在把他们放出去，杨虎城就会投靠共产党，于我们不利。杨在重庆的目标太大，应马上将他移押贵州。"徐远举接到上述指示后，立刻派新任特务队长张鹄将杨虎城全家，连同宋绮云一家，由重庆又押送贵阳麒麟洞，监禁了七个多月。

同年 8 月底，蒋介石由台湾飞抵重庆，保密局长毛人凤召见徐远举、周养浩，传达蒋介石有关"密裁"杨虎城及在押政治犯的指示，限期徐、周两人分工完成如下任务：9 月 1 日，周养浩驱车到达贵阳。见面问候毕，周故弄玄虚地向杨虎城"道喜"说："蒋总裁准备在重庆召见主任，再送您去台湾，在那里与副座（指张学良）同时恢复自由。"杨对此虽将信将疑，但既然成了捏在军统手里的面团，要圆要扁，或去或留，杨虎城早身不由己。

为使杨虎城走得高兴，周养浩又使用戴笠在南昌明松暗紧的做法，先陪杨将军在贵阳尽情游览，拖延到 9 月 5 日才从贵阳起身。有关情况，则通过军统专用电台，逐日密报重庆。贵阳到重庆，需行车二日，头晚车宿桐梓。为及早回去报信，6 日傍晚，周养浩的座车抢先开到重庆对岸海棠溪。这时杨进兴进来，递上毛人凤手令。手令说："养浩兄：某人等交由杨进兴率领回渝，兄可先行过江，回家休息。"周养浩遵令渡江，驱车回杨家山休息了。

特务借故将每部车子到达时间错开两个小时，以便从容下手。等到深夜 10 点，在张鹄押解下，杨虎城父子的座车才从海棠溪过江。十一点多钟，车子开到松林坡停车场停下。张鹄伪装恭敬地说："请杨主任先在戴公祠休息两天。"杨虎城还没弄清怎么回事，两名特务已逼近跟前，一左一右架住杨将军臂膀，踏着一级级石阶，向山顶"戴公祠"攀登。将军的

幼子拯中则手捧母亲骨灰盒，紧随后面。

　　"戴公祠"为松林坡上并排四间房屋，父子俩各被引入一间。杨拯中时年 17 岁，血气方刚，究竟比 56 岁的父亲强壮有力。为防止两人合力反抗，待杨拯中刚跨过门槛，埋伏在屋内的杀手王少山、林永昌手持利刃，向他刺去。杨拯中捂着喷血的胸膛，只喊了一声"打倒法西斯！"便扑地身亡。杨虎城听到儿子喊声，知发生变故，急回头探视，一条 5 尺长的白布左旋右绕，紧紧勒住他的颈项。杀手熊祥拔出匕首，直插杨将军腹腔。拔出刀子，血流满地。特务杨进兴恐其尚未断气，又朝背上连捅数刀。一世英雄、一代英杰、百战沙场的将军轰然倒下。

◎ 邓演达

邓演达（1895—1931 年），又名策成、仲密，字择生，化名石生登，广东惠阳人。少年时代受到反帝反封建思想的影响，曾随姚鱼平等革命党参加反清活动。早年加入中国同盟会。1919 年毕业于保定陆军军官学校。第一次国共合作期间，拥护孙中山三大政策，是著名国民党左派代表。

1925 年邓演达任黄埔军校教育长。1926 年 1 月当选为国民党"二大"候补中央执行委员。同年 7 月任国民革命军总政治部主任，随军

邓演达

北伐，指挥攻克武昌。曾被国民党二届三中全会选为中央执行委员、中央政治委员会委员、中央军委主席团成员和中央农民部部长。"四·一二"反革命政变后，他力主东征讨蒋。1927 年，蒋介石、汪精卫相继背叛革命后，邓演达流亡欧洲。11 月 1 日，与宋庆龄等在莫斯科发表《对中国及世

界革命民众的宣言》，声明继承孙中山遗志，坚持反帝反封建。

1930 年 5 月邓演达回国，8 月在上海中华革命党改组为中国国民党临时行动委员会，任中央总干事，企图建立第三种政治势力。邓演达主张在中国建立以农工为中心的平民政权，宣传反帝反封建反蒋。11 月他在上海成立黄埔革命同学会，联系黄埔各期同学，策动反蒋。1931 年 8 月 19 日由于叛徒出卖被捕，11 月 29 日被蒋介石秘密杀害于南京麒麟门外沙子岗。中华人民共和国成立后邓演达被追认为革命烈士。遗著有《邓演达文集》。

民主革命家邓演达

邓演达，出生于广东惠阳永湖乡鹿颈村一个贫寒家庭。邓家世代务农，兼做船工，家景艰难。到了其父邓镜仁时才开始读书应试，考取了秀才，并先后在惠阳县城和淡水崇雅中学教书。后因琼崖镇守使邓仲元（即邓铿）的保荐，曾任过儋县县长，其家庭生活由小农逐步上升为小康之家。其兄邓演存，法军大学毕业，曾任军、师参谋长和兵工厂厂长等职。但因兄弟间志趣不同，没有共同合作之处，彼此很少来往。其妻郑立真是旧礼教家庭包办婚姻，夫妻感情极为平淡，自邓演达从事革命地下工作之日起，一直没有共同生活过，但邓演达也没有再娶，而是集中精力献身于革命。

邓演达生长于农村，因而对农村生活多有了解，尤其是对地主的横暴

和农民的穷苦生活情景，印象很深。这是构成他后来的农民革命和土地改革思想的原始基础。又时值中法战争和中日战争，中国两次战败，国势日衰，邓演达遂相信富国强兵之道，决心学习军事，以报国耻。1909 年，邓演达 14 岁时，考入黄埔陆军小学，在同学中年纪最小，但他聪明过人，每试均名列前茅，且机智勇敢，敢举拳反击大同学的欺负，为同学所惊奇，为师长所注重，师生均视其为奇才。

辛亥革命爆发时，他以陆小学生的身份参加姚雨平的革命军北伐，初露头角。民国成立后，被派送到陆军速成学校学习。1914 年又进武昌陆军第二预备学校继续学习。1916 年升入保定军校。这时，他不仅专攻军事，而且对社会科学也很感兴趣并专修德文。他的学识有了较广阔的发展，政治上也日趋成熟，是保定军校第六期的高才生。1919 年保定军校毕业后，邓演达被派往通州边防军见习。时孙中山在南方组织援闽粤军，邓铿为参谋长。1920 年初，邓演达应邓铿的邀请，到福建漳州，任粤军宪兵营营长。从此，他正式踏上了革命道路，成为孙中山的积极追随者。

1920 年夏，邓演达率队出征盘踞广东多年的桂系军阀陆荣廷，淡水一役，他出奇兵打败了桂军主力，备受邓铿的器重。10 月，粤军重占广州，邓铿出任第一师师长，邓演达任师部参谋兼独立营营长，随后又调任工兵营营长。虽然邓演达的职务并不算高，但师长深知其才能出众，倚重极殷，因之无形中成为该师的核心人物之一。1921 年 5 月，孙中山在广州就任非常大总统，12 月，移驻桂林准备北伐。这时，邓演达因公从广州到桂林晋见孙中山，由于他对革命的忠诚与英勇，深得孙中山的嘉许。

1922 年 3 月 21 日，邓铿被刺，邓演达极为悲愤，复仇与捍卫革命之心剧增。5 月，孙中山调第一师参加北伐，邓演达坚决拥护，并积极策动

部队迅速出动。他率领工兵营，奋勇杀敌，首先攻入赣州。此时，陈炯明在广州叛变，炮轰总统府，逼孙中山下野，孙中山逃往永丰舰。一师奉命回广州靖乱，当时一师上层分子发生动摇，多数拥护陈炯明，邓演达等少数人坚决拥护孙中山。邓演达受一师将领的推派，秘密去上海会见孙中山，请示以后行动计划。此时孙中山正在策动滇桂军东下，驱逐陈炯明，邓演达奉命联络各部滇桂军重占广州。邓由沪返粤后，按照孙中山的指示，密告各将领，组织西路讨逆军，他自任前敌总指挥，以工兵营为先锋，每役必亲临前线指挥，终于于1923年1月15日重占广州，陈炯明退据惠州。邓演达有勇有谋，战功卓著，受人敬重。

1923年2月，孙中山由上海回到广州成立大元帅府。第一师扩编为第四军，工兵营扩编为第一师第三团，邓演达升任团长。邓治军有方，纪律严明，不久，第三团被评为全师之模范。接着他率领第三团参加讨伐沈鸿英的战斗，第三团为此次战斗的进攻主力。由于战事接连发生，邓演达长期率部苦战，兵不解甲，马不停蹄，时人共认邓演达部劳苦功高。邓演达击败沈鸿英后，驻防梧州。此时，陈炯明又蠢蠢欲动，孙中山亲笔致函邓演达，调其回粤讨陈，他接孙中山手谕后，于8月初率部开抵东江，在博罗苦战十日，击败了叛军。至此，孙中山对邓演达十分信任。孙中山说："干革命，有两达，革命有希望。"所谓两达，一个是指张民达，另一个就是指邓演达，由此可见孙中山对邓演达的赏识和器重。

1924年10月，孙中山在广州召开国民党第一次全国代表大会，对国民党进行改组，实行三大革命政策，实现国共合作。会后，孙中山任命邓演达为筹办黄埔军校考试委员会委员。5月，黄埔军校成立，委任邓演达为教练部主任。邓演达自觉资望尚浅，力推李济深任主任，他自居教练部

副主任并兼任学生总队长。他为了办好黄埔军校，辞去第一师第三团团长职务，迁往黄埔与学生一起生活、学习，专心治校。

邓演达知人善任，他邀请叶剑英、严重、季方等领导干部协助军训工作，使军校的革命气氛和各项工作，生气蓬勃，蒸蒸日上。邓演达特别注重向学生进行爱国主义教育和政治训练，他号召同学多多研读新三民主义，他强调的是研读具有三大政策内容的新三民主义，而对于与新三民主义相违背的一切思想，总是说服教育，耐心开导。他对学生的政治思想抓得很紧，也要求很严，但又威而不猛，严而有信，有一种令人口服心服的感召力量。

邓演达严于律己，身先士卒，为人师表。他对军容风纪要求极严，无论何人违犯校规，决不宽容。一天，政治教官高语罕，早晨起床迟了一点，邓到高的寝室即予以当面批评。虽然他们相处甚密，但犯了校规，邓对他毫不客气。这件事对大家的教育很大，以后再没有人敢迟起床睡懒觉。邓演达每天都与同学同出操同操练。军校学生每天早晨要围绕公路在黄埔岛跑 7500 米，一些体力差的同学，往往跑不下来，落伍后出列站在路旁，惭愧地观望着行进的队伍。邓演达也随队参加绕岛跑步，落伍的同学看到穿着长统马靴的邓总队长也同大家一起长跑，精神无不为之一振，也都加入跑步的行列。然而，这时邓演达却发出口令："停止跑步，便步走！"接着找带队的值星官告以"跑步要兼顾学生的体力，逐步增加跑程，不可蛮干，更应照顾体弱多病的。"使全体师生深受教育。

邓演达对周恩来等共产党人，虚心请教，主动配合，对革命事业充满干劲和热忱，这使他在军校中享有盛名，赢得尊敬。他关心共产党人，爱护共产党员的活动，努力支持共产党的工作。当他发现共产党员在就寝后

秘密开会时，不但不加干涉，而且还亲切地要"同志们务必注意身体，切不可耽误过多的睡眠时间。"邓演达一贯支持共产党，成为"中国共产党的党外亲密战友"。但邓演达的革命精神和工作成就，却遭到了蒋介石及其心腹、军校教授部主任王柏龄等人的嫉恨与排挤。1925年春，邓演达被迫辞职，前往欧洲研究政治经济。

1925年3月，孙中山病逝于北京，国民党右派日益猖獗。8月，廖仲恺被刺，国民党右派更加嚣张。邓演达鉴于"党内形势日非，革命前途危险"，决心回国参加实际斗争，于1925年冬由柏林动身，经莫斯科回抵广州。1926年1月，邓演达出席国民党二大，他在大会上作报告时郑重指出："国民革命的任务，是反帝反封建，为争取民族解放、自由、平等而奋斗。其性质是阶级联合，构成统一战线，而以农工大众为主力军。孙先生手定的三大政策，完全符合革命的需要，任何个人，任何阶级违反这一原则，都是离开革命阵线，成为革命的对象。"大会选举邓演达为候补中央执行委员，同时，推选他任黄埔军校教育长。

邓演达受命教育长时，军校学生在蒋介石的操纵下已形成左右两派，斗争日益激烈。邓演达同情"青年军人联合会"，反对"孙文主义学会"，对王柏龄等右派分子的活动进行了坚决的斗争。他曾在有学生代表参加的座谈会上，当面批评王柏龄纠合孙文主义学会分子反对共产党，破坏团结，使王柏龄十分难堪，下不了台。他还把王柏龄任教育长时的贪污腐化、亏空公款的行为报告给蒋介石，要他把亏空填清再将王柏龄调离军校。为此，遭到了蒋介石与王柏龄等的打击报复。

1926年3月20日，蒋介石发动"中山舰事件"，邓演达被视为亲共分子，曾被监视。邓演达当面痛斥蒋介石："三月二十日镇压中山舰及缴俄

顾问卫队械事，疑近于反革命。"结果邓演达被调离黄埔军校，去潮州军分校任分校长。1926 年 7 月，广东国民党政府开始北伐，蒋介石任北伐军总司令，邓演达任北伐军总政治部主任。邓演达在北伐军出发前夕，向全体政工人员训话说："北伐任务在于唤起农工大众，解除帝国主义与军阀双重压迫；同时我们铲除军阀，永绝祖国祸源，更应注意的，防止我们自己造成军阀的趋向。"意指警惕蒋介石的新阴谋。

邓演达率总政治部工作人员随军出征，并参与第四军军部的指挥工作。他精通德语，常与前苏联顾问铁罗尼直接交谈，并一起至前线制定军事计划与指挥作战。第四军攻下汀泗桥、贺胜桥，击溃吴佩孚主力后，进逼武昌城下，邓演达任攻城司令。他亲临城下指挥督战，战马被子弹打倒，军服袖子被子弹打穿（人却没有受伤），但他镇定自若，仍然指挥各军强行登城。10 月 10 日，第四军叶挺独立团，首先攻入武昌城内，活捉湖北省长陈嘉模、武昌守备司令刘玉春，全歼守敌二万余人。

第四军原是粤军第一师的班底，邓演达曾是第一师第三团团长，无论在作战上或整训上邓对该师都起着示范作用，他的威信很高，对官兵影响很大。第四军，特别是该军叶挺独立团在每次战役中，都发挥了高度英勇作战精神，所向披靡，因而获得"铁军"的荣誉称号。北伐军攻克武昌后，邓演达兼任武汉行营主任、湖北政务委员会主席等职。

1926 年 11 月初，北伐军占领南昌后，蒋介石在南昌设立他的总司令部，以与当时的革命中心武汉相对抗。11 月下旬，国民党中央政治会议决定迁都武汉。12 月 13 日，邓演达和徐谦等在武汉成立国民党中央执行委员会和国民政府委员临时联席会议，代行国民党中央党政机关职权。1927 年初，蒋介石擅自决定迁都南昌，并扣留到达南昌的中央委员，不让他们

前往武汉。邓演达与徐谦、吴玉章等在武汉成立行动委员会，与蒋介石进行坚决斗争。邓演达公开发表演说，提出"首先就要打倒个人独裁及一切封建思想的势力，其次军事就要绝对服从党的领导。"邓演达是当时武汉著名的国民党"左派"领导人。

1927年3月10日，国民党二届三中全会在武汉召开，在中国共产党的推动下，在邓演达与国民党左派的共同努力下，通过了《统一党的领导机关案》《统一革命势力案》《裁撤中央军人部案》《国民革命军总司令条例》和《军事委员会组织大纲》等决议案。同时免去了蒋介石的国民党中央常务委员会主席、军事委员会主席的职务。大会还根据邓演达的提议，决定成立由邓演达、毛泽东、谭平山、徐谦和顾孟余为委员的土地委员会，并通过了《对农民宣言》。宣言指出："解决农民问题是国民革命要解决的根本问题"，重申国民革命的方针是扶助农工运动。由于邓演达忠实遵循孙中山的遗教，认真执行"联俄、联共、扶助农工"的三大政策，被全会选为中央执行委员会委员、中央军事委员会主席团成员和中央农民部部长，并任中央军事委员会总政治部主任等职。此外，他还是武汉分校代校长、中央农民运动讲习所所长。

邓演达对迅速发展起来的农民运动，采取积极赞助和支持的态度。他大声疾呼："中国国民革命成功的重要条件，在于农民的解放。""农民问题是我们的量尺"，赞成农民运动的"便是革命的朋友；自己觉悟起来，参加这个工作者，便是中国国民党的忠实党员；反对这个工作的，便是反革命。"他痛斥了当时国民党右派散布的"农民运动过火"的反动叫嚣，主张农民要有自己的武装以进行自卫。毛泽东说："大革命时代搞农民运动，陈独秀、彭述之不同我们合作，倒是邓演达肯同我们合作。"周恩来说："邓演达赞成土地革命，能与我们长期合作。"蒋介石与南京反革命政府诬称邓演达为煽动暴乱的代表人物之一，并下令通缉邓演达。邓演达毫不示弱，他在《汉口民国日报》上发表文章，申斥蒋介石、戴季陶等是孙逸仙三民主义的叛徒，并主张立即东征讨蒋。

1927年4月下旬，武汉政府为击退奉军的南犯，开始第二次北伐。邓演达以国民政府军事委员会总政治部主任名义，率全体政工人员随军出发，并亲自参加第四军的指挥作战。邓演达在前线，往返于炮火之中，与士兵同生活同战斗，博得官兵的爱戴。北伐军在临颍大战击溃奉军主力，接着配合冯玉祥的国民军占领郑州、开封等地。6月中旬，汪精卫等与冯玉祥在郑州举行会议，冯玉祥提出分共主张，得到多数通过，邓演达虽然坚决反对，但孤掌难鸣，不能由己，形势进一步恶化。

1927年6月下旬，邓演达在愤怒和忧虑中回到武汉。他曾于深夜走访汪精卫，劝他坚持革命，不能动摇，但被汪精卫所拒绝。邓演达看到革命形势迅速逆转，又感到无力挽回狂澜，于是，于6月30日，写了一篇《告别中国国民党同志们》的告别信，化装成检查电线的工人，离开武汉，沿平汉路北上郑州，再出潼关至西安，赶上了由武汉回国的前苏联顾问鲍罗廷等的汽车队，经五原、榆林、越沙漠，到西伯利亚，于10月15日抵达莫斯科。

邓演达到达莫斯科，受到共产国际的热情接待，10月17日，共产国际曾开大会对邓演达表示欢迎。邓演达在欢迎大会上，作了《中国革命目前危机的根源》的报告。11月1日，他和当时在莫斯科的宋庆龄、陈友仁发表了《对中国及世界革命民众宣言》，指责盘踞南京的叛徒实为新军阀、土豪绅士地主及剥削农工分子的集团，武汉中央的上层分子与南京叛徒无别，他们都是旧势力的化身、军阀的工具、民众的仇敌，并提出组织国民

党临时行动委员会继续与新军阀势力作斗争。随后他前往欧洲游历考察。

1930年5月回到上海。邓演达一回到上海就积极筹备成立新组织，他以前总政治部和农民部的一些成员为骨干，集合各地的革命力量，与蒋介石集团展开斗争。8月9日，在上海法租界召开"中国国民党临时行动委员会"成立大会，到会的有11个省30多名代表。大会通过了由邓演达起草的纲领《我们的政治主张》，选举了中央领导机构——中央干部会，邓演达任总干事并兼任《革命行动半月刊》的主编。撰写大量政论文章表明，他们既反对蒋介石的反动统治，也反对共产党，他们企图建立第三种政治势力，寻求第三条道路，在中国建立资产阶级共和国。因此，人们称行动委员会为"第三党"。

邓演达对蒋介石国民党的反动统治进行了坚决的揭露与抨击。他指出蒋家王朝已投降帝国主义，野蛮狠毒地剥削和屠杀人民，较之北洋军阀尤为残酷，因此，只有推翻南京国民政府的统治，实现"耕者有其田"的主张，国家和人民才能得到拯救。但同时又错误地认为，共产主义革命运动，只能发生在西方发达的资本主义国家。"苏维埃政权精神上侮辱中国民族，侮辱中国人民；而物质上只有破坏中国现存的文明。所以我们必须明白坚决的对中国共产党抗争。"邓演达虽然属于国民党左派，愿意在一定条件下与共产党合作，也重视农民的力量，愿意解决农民的土地问题，但他的思想仍然没有跳出旧民主主义的思想范畴。

但是，邓演达不愧是中华民族的一个杰出的革命战士。在这一时期，他始终把主要矛头指向南京蒋介石统治集团，他认为要革命就必须首先反蒋。他除了政治上进行反蒋宣传外，还从事一系列的军事反蒋活动。1930年夏秋间，邓演达在上海秘密组织黄埔革命同学会，以与蒋介石领导的黄埔同学会相对抗。黄埔革命同学会发展迅速，曾一度动摇了蒋介石的军事基础。与此同时，邓演达与杨虎城、冯玉祥、阎锡山等国民党内的反蒋集团取得联系，企图与他们建立反蒋统一战线，进行军事策动。

1931 年"宁粤分裂"期间，他与陈铭枢、蔡元培、杨杏佛等密商反蒋军事行动。他们商定：陈铭枢到江西吉安把"围剿"红军的十九路军调广东，树起停止内战和反蒋旗号；邓演达去江西临川一带，策动"围剿"红军的第十八军起义；同时联络武汉驻军以及西安和华北方面原西北军一齐行动，以推翻蒋介石的统治。不幸，邓演达在临登程去江西前，于 1931 年8 月 17 日，在上海愚园路愚园坊二十号干部训练班结业会作报告时，因叛徒陈敬斋告密而被捕。

邓演达被捕后，蒋介石立即从南京打电话，令立即将他押往南京。邓演达在南京监狱中，蒋介石不断派人对他进行诱降。当来人问他，南京劝降怎么办？他斩钉截铁地回答："让他拿刀来!"蒋介石要他放弃自己的政治主张，宣布解散组织，自己任总司令，他任副总司令，一同去江西剿共，或者派他出国考察。然而这一切都被邓演达严词拒绝。铁窗烈火使邓演达炼得更加坚强，诱降和威逼丝毫不能动摇他的革命意志。

邓演达在南京被囚一个月后，适值蒋介石要宣布下野。蒋介石清楚地知道，他下野后，邓演达很有可能上台。邓如果上台，对他威胁就更大。戴季陶曾面陈蒋介石道："今日可怕的敌人，不在汪（精卫）、陈（济棠）；能动摇根基、分散黄埔革命力量的，除邓演达之外无他人。"胡宗南等亲蒋黄埔学生也联名向蒋呈诉说："如果校长不除邓演达，我们的兵也就带不成了。"蒋对此十分惊慌。于是蒋介石趁他在下台之前，迫不及待地下令将邓演达秘密杀害于南京麒麟门外沙子岗。邓演达时年仅 36 岁。

◎ 吉鸿昌

吉鸿昌（1895—1934 年），字世五，河南扶沟人。1913 年从军，在西北军冯玉祥部任师长，后任国民党第二十一军军长、宁夏省政府主席。1930 年，被蒋介石调往河南信阳，令他进攻鄂豫皖革命根据地。1931 年，他因反对国民党反共内战和卖国投降的政策，引起蒋介石不满，强令他出国。1932 年"一·二八"事变后回国，同年加入中国共产党。

吉鸿昌

1933 年 5 月，吉鸿昌联合冯玉祥、方振武等在张家口组成察绥民众抗日同盟军，任同盟军第 2 军军长兼北路前敌总指挥，出师抗日，将日伪军完全赶出察哈尔地区，大振全国抗日民气。9 月，遭日伪军与国民党军夹击，失败后转入地下，在平津地区继续从事抗日活动。1934 年，吉鸿昌参与组织中国人民反法西斯大同盟，任中央委员会主任委员。国民党对他恨之入骨。11月19日，国民党特务勾结帝国主义分子在天津法租界将其刺伤逮捕。24日在北平陆军监狱英勇就义。

吉鸿昌生平故事

吉鸿昌出生于河南省扶沟县吕潭镇一个贫苦农民家庭。受父亲影响，吉鸿昌幼年即具有爱国思想。1913年秋天，不满18岁的吉鸿昌便投到冯玉祥部当兵。他因吃苦耐劳、智勇正直被冯赏识，提升为手枪连连长，不久又提升为营长。1921年，吉鸿昌回乡探亲时，拿出全部积蓄，利用一所破庙做校舍，创办了"吕北初级小学"。吉鸿昌立下规定：凡是贫家子弟，一律免费上学。学校规模一度壮大，曾被誉为"豫东第一"。

1925年10月，吉鸿昌升任绥远省督统署直辖骑兵团团长兼警务处处长。不久又被任命为第36旅旅长。十几年里，吉鸿昌虽不断升官，但却丝毫没有改变"当兵救国，为民造福"的初衷，时刻铭记着父亲"做官即不许发财"的教诲，平时省吃俭用，兴办公益事业。他严于律己，也约束部队不许扰民。吉鸿昌结识共产党员宣侠父等人，开始接触革命思想。1926年9月，冯玉祥在五原誓师，响应北伐。吉鸿昌率部参加了西安之战。1927年4月，吉鸿昌所部扩编为第19师，升任师长，归属冯部国民革命军第2集团军所辖。国民革命军沿陇海路东征，吉鸿昌率部攻克洛阳、巩县，又强渡黄河，占领豫北重镇新乡，奉军被打得抱头鼠窜。吉鸿昌所部

被誉为"铁军"。

1928年吉鸿昌任第30师师长，调防甘肃天水。1929年7月，吉鸿昌进兵宁夏，任宁夏省政府主席兼第10军军长。他整饬了军队和吏治，致力于汉回团结，提出了"开发大西北"的口号，决心为民兴利除弊。1930年4月，蒋、冯、阎中原大战爆发。吉鸿昌奉命率部从宁夏出潼关，参加讨蒋大战。9月，冯玉祥的西北军战败。吉鸿昌为了保存实力，接受蒋介石改编，就任第22路军总指挥兼第30师师长，不久被蒋派往光山、商城一带进攻鄂豫皖苏区。

吉鸿昌对进攻苏区十分反感。他"托病"到上海与党组织取得了联系，随后又化装到鄂豫皖苏区进行了考察，思想上受到很大触动。随后曾在潢川组织所部起义参加工农红军未果。蒋介石发现吉鸿昌有"谋反"之意，便解除了他的军职，逼迫他出国"考察"。1931年9月21日，矢志抗日的吉鸿昌将军被蒋介石逼迫下野，到国外"考察实业"。船到美国，吉鸿昌就接二连三地遭到意想不到的刺激，如那里的头等旅馆不接待中国人，而对日本人却奉若神明。

有一次，吉鸿昌要往国内邮寄衣物，邮局职员竟说世界上已经不存在中国了，吉鸿昌异常愤怒，刚要发作，陪同的使馆参赞劝道："你为什么不说自己是日本人呢？只要说自己是日本人就可受到礼遇。"吉鸿昌当即怒斥："你觉得当中国人丢脸吗，可我觉得当中国人光荣！"为抗议帝国主义者对中国人的歧视，维护民族尊严，他找来一块木牌，用英文在上面写上："我是中国人！"

在国外，吉鸿昌利用记者的采访，以事实揭露了日本侵略中国的种种罪行，并斥责英国纵容日本侵略中国和蒋介石对日妥协的丑恶行径。在德

国，吉鸿昌曾多次要求到前苏联参观访问，遭到蒋介石反动政府使馆的百般刁难，不予签证。悲愤之下，吉鸿昌挥笔疾书："渴饮美龄血，饥餐介石头。归来报命日，恢复我神州。"

1932 年，上海"一·二八"事变爆发后，吉鸿昌闻讯立即回国寓居天津，秘密与中共华北政治保卫局联系。不久，他整理出版了《环球视察记》，借以抒发他忧国报国的热情。同年 4 月，吉鸿昌在北平光荣地加入了中国共产党，由一个爱国的旧军人转变为坚定的共产主义战士，从此踏上了新的革命征程。他按照党的指示，到湖北黄陂、宋埠一带召集旧部策划起义。起义失败后，他赴泰山动员冯玉祥出山组织武装抗日。吉鸿昌毁家纾难，变卖家产 6 万元购买武器，积极联络各地抗日零散武装，作起兵抗日准备。

1933 年 5 月 26 日，吉鸿昌同冯玉祥、方振武等抗日将领依靠前苏联的武器支援和集合东北义勇军在张家口宣布成立"察哈尔民众抗日同盟军"，吉鸿昌任前敌总指挥兼第 2 军军长。败退的热河军，蒙古族武装，察哈尔当地民团和一些当地的土匪武装建立了察哈尔民众抗日同盟军，任第 2 军军长，旋任北路前敌总指挥，率部向察北伪军进击，在收复康保、宝昌、沽源等城池后，吉鸿昌又指挥部队向多伦进攻。经过五昼夜血战，7 月 12 日终于收复多伦。察北四城的收复，极大地鼓舞了全国人民的斗志。然而，蒋介石却反诬同盟军破坏"国策"，令何应钦指挥 16 个师与日军夹击同盟军。

1933 年 8 月 26 日，吉鸿昌率领三千多人试图去商都同抗日同盟军高树勋会合，建立苏区。但遭到国民党军队拦截，苏区无法建立。吉鸿昌无奈之下找到了方振武，准备一同进攻由国民革命军驻守的北平城。9 月 21

日，行进到日军和国军交界的非武装区。日军飞机投放传单，要求吉鸿昌部队 3 日内离开，不然派兵剿灭，吉鸿昌在 3 日内离开了。10 月 10 日，吉鸿昌部队在进攻到北平附近的昌平被中央军、晋军、西北军包围，军队哗变崩溃。

随后，日军主力在察边境集结，并驱使败退伪军准备重新进攻。前苏联在国民政府的压力之下也停止了对同盟军的支援。国民政府中央也派出要员去说服同盟军领袖冯玉祥放弃独立割据的念头，将部队交给中央指挥。而中共则在同盟军内部开始宣传策反，准备将抗日同盟军发展成红军，在河北山西建立苏区。内忧外患之时，同盟军内部的东北义勇军部首先表示归附中央。冯玉祥也发表声明取消了同盟军司令的头衔。8 月 15 日，伪军重新进攻多伦。分崩离析的同盟军不敢正面对抗。在 15 日夜连夜不战放弃多伦，全军转移。转移之后，剩下的 5 万抗日同盟军彻底瓦解。

吉鸿昌战至 10 月，因弹尽粮绝而失败。为了保存抗日实力，吉鸿昌与方振武到国民党第 32 军驻地同商震谈判。不料，蒋介石却电令商震把吉鸿昌和方振武押送北平审问。途中，吉鸿昌用计使方振武脱身。车行至北平城外，押送人员在吉鸿昌感化下，冒着生命危险放走了吉鸿昌。1934 年 5 月，吉鸿昌回到天津，组织成立了"中国人民反法西斯大同盟"，他被推为主任委员，进行抗日民族统一战线工作。在他家三楼一角，设立了一个秘密印刷所，出版了机关刊物《民族战旗》报。他的住宅也成了党组织的地下联络站，因而被党内同志称为"红楼"。

1934 年 11 月 9 日晚，吉鸿昌在法租界秘密开会时遭军统特务暗杀受伤，被法国工部局逮捕，后引渡到北平军分会。11 月 23 日，北平军分会举行了一场所谓的"军法会审"。吉鸿昌在法庭上义正词严地说："我是中

国共产党党员，由于党的教育，我摆脱了旧军阀的生活，而转到为工农劳苦大众的阵营里来，为我们党的主义，为全人类解放事业而奋斗，这正是我的光荣……"

1934年11月24日是吉鸿昌殉难的日子。面对"立时枪决"的命令，吉鸿昌镇定安详地向敌人要来纸和笔，挥笔疾书，写了自己坎坷曲折而终于走向革命道路的一生，历述蒋介石祸国殃民的种种丑行。在给夫人胡红霞的遗嘱中写道："夫今死矣，是为时代而牺牲……"吉鸿昌披上斗篷，从容不迫地走向刑场。他用树枝作笔，以大地为纸，写下了浩然正气的就义诗："恨不抗日死，留作今日羞。国破尚如此，我何惜此头！"

吉鸿昌声色俱厉地对特务喝道："我为抗日而死，为革命而死，不能跪下挨枪，死后也不能倒下，给我拿把椅子来！"吉鸿昌又命令道："到前面开枪！共产党员要死得光明正大，决不能在背后挨枪，我要亲眼看着蒋介石的子弹是怎样打死我的！"当特务在吉鸿昌面前颤抖着举起枪时，他振臂高呼："中国共产党万岁！""打倒日本帝国主义！""中国革命万岁！"在这震山撼岳的呼喊声中，英勇的共产党员、中华民族的英雄吉鸿昌壮烈地牺牲了，年仅39岁。

1945年，在党的"七大"上，吉鸿昌被定为全党褒扬的革命烈士。周恩来总理在1971年指出："吉鸿昌同志由旧军人出身，后来参加共产党，牺牲时很英勇，从容就义。"1984年，在吉鸿昌烈士牺牲50周年前夕，扶沟人民在烈士陵园吉鸿昌烈士陈列馆前，为烈士塑了铜像。聂荣臻亲笔题词："民族英雄吉鸿昌烈士永垂不朽！"1995年，在吉鸿昌烈士诞辰100周年之际，李鹏、乔石、李瑞环、刘华清、张爱萍、迟浩田、程思远等党和国家领导人分别为吉鸿昌烈士题了词。

吉鸿昌纪念馆

吉鸿昌纪念馆位于河南省周口市扶沟县，为省级文保单位。江泽民同志曾为该馆题写馆名，为纪念伟大的抗日民族英雄吉鸿昌而建。

吉鸿昌将军纪念馆占地 6300 平方米，由山门、广场和展厅组成。大门朝东，巍峨壮观的仿古式门楼正上方由江泽民同志在 1995 年亲笔题写的馆名："吉鸿昌将军纪念馆"。进入园内，两侧有假山点缀，水泥道路两旁平坦有形，北侧有 1987 年省人民政府批复的"河南重点烈士建筑物保护单位"的立碑。西侧为小何庄殉难烈士纪念碑（30 平方米），沿路北行是纪念馆广场，广场面积 600 平方米，广场正中央由花岗岩砌成的底座上，竖立着戎装的吉鸿昌将军半身铜像。广场正北就是吉鸿昌将军纪念馆的主展馆，展厅面积为 190 平方米，展出实物 10 件，展出版面 163 副，主要介绍生平事迹。东侧为名人书画馆，内展邓小平、陈毅、江泽民等党和国家领导人为吉鸿昌将军的亲笔题词，另有书法家，书画家等名士笔迹 134 副（件），所展版面面积 130 平方米。最西侧为扶沟县烈士事迹陈列馆，全县有 386 名有志之士为国捐躯，展厅利用版面 63 副 90 平方米，展出 22 名烈士的英勇事迹，展出实物 108 件，扶沟县革命烈士英名台上记录着各乡镇近 300 名为国捐躯的烈士们的英名。

吉鸿昌将军纪念馆前身为扶沟县烈士陵园，筹建于 1962 年，1964 年陵园建成，1979 年筹建吉鸿昌烈士纪念馆，在将军牺牲 50 周年即 1984 年之际，更名为吉鸿昌将军纪念馆，东临周郑公路，南临 311 国道，距京珠高速公路 45 公里，交通便利。纪念馆整体搬迁工作已纳入县政府 2003 年十二件实事之一。2004 年完成配套设施和绿化，新址设在县城南三环路侧，是省、市青少年教育基地、爱国主义、国防教育基地。

◎ 项 英

项 英

项英（1898—1941年），原名德龙，湖北武昌人。中共党员，工人运动领袖，中国共产党和中国工农红军早期领导人之一，新四军的创建人和主要领导人之一。小学毕业后，项英到武昌一家织布厂当工人。1921年参加中华全国劳动组合书记部长江分部工作，1922年4月参加中国共产党。1923年2月任京汉铁路罢工委员会总干事，是二七大罢工的主要领导人之一。项英连任党的第三至六届中央委员。1924年后任中共中央职工部长，先后在武汉和上海领导工人运动。

在六届一中全会上项英当选为中共中央政治局常务委员。1929年11月，在第五次全国劳动大会上当选为中华全国总工会委员长。1930年8月任中共中央长江局书记。1931年1月任中共苏区中央局代理书记、中央革命军事委员会主席。11月，当选为中华苏维埃共和国临时中央政府副主席。1933 年第四次反"围剿"后代理中央革命军事委员会主席。

1937 年抗日战争爆发后，项英于 10 月任中共中央东南分局（后改为东南局）书记、国民革命军陆军新编第四军（新四军）副军长、中共中央军事委员会新四军分会书记，为组建新四军做了大量工作。随后根据中央军委的指示，项英先后组织部队向苏南、苏中、皖东挺进。开展敌后游击战争，建立抗日根据地。1941 年 1 月皖南事变，项英被叛徒刘厚总（副官）杀害。

生平经历

在俄国十月革命和五四运动的影响下，项英开始接受马克思主义，并在工厂中自发地组织工人同资本家进行斗争。1913 年进布厂当工人。1920 年曾在武汉组织过纺织工人罢工。1921 年冬参加中华全国劳动组合书记部长江分部工作，随后被派往京汉铁路江岸总段筹备工人俱乐部。1922 年 4 月项英参加中国共产党。8 月，任京汉铁路总工会筹备委员会总干事，负责总工会和各地工会的筹建组织工作。1923 年 2 月任京汉铁路罢工委员会总干事，是二七大罢工的主要领导人之一。6 月项英在中国共产党第三次全国代表大会上当选为中央委员，之后连任党的第三至六届中央委员。

1924 年后项英任中共中央职工部长，先后在武汉和上海领导工人运动。1926 年北伐军占领武昌后任湖北省总工会组织部长、武汉工人纠察队

总队长，参加了反击夏斗寅叛变的斗争。1928 年春他任中共江苏省委书记，不久赴莫斯科出席党的第六次全国代表大会，在六届一中全会上当选为中共中央政治局常务委员。随后又参加了共产国际第六次代表大会，当选为国际监察委员。1929 年 11 月，在第五次全国劳动大会上当选为中华全国总工会委员长。

1930 年 8 月项英任中共中央长江局书记，10 月赴江西革命根据地。1931 年 1 月任中共苏区中央局代理书记、中央革命军事委员会主席。11 月，在第一次全国苏维埃代表大会上项英当选为中华苏维埃共和国临时中央政府副主席。1933 年第四次反"围剿"后代理中央革命军事委员会主席。1934 年 1 月，在第二次全国苏维埃代表大会上他继续当选为中华苏维埃共和国中央政府副主席，在建设工农民主政权、动员群众参加红军、筹划部队后勤给养等方面做出了贡献。1934 年夏任赣南军政委员会主席、赣南军区司令员。10 月中央红军主力长征后，项英任中共中央分局书记、中央军区司令员兼政治委员，领导当地军民继续抗击国民党反动派的军事"围剿"。其后在极其艰苦的条件下，坚持南方三年游击战争，保存了革命武装。

项英为了事业，放弃了家庭的幸福。他一生只与女儿共同生活了 12 天，与他儿子一起才睡过一个晚上。项英的夫人张亮，出狱后前往新四军军部与丈夫团聚，但项英会面时怀疑她出卖瞿秋白同志，在没有进行任何调查情况下，即被项英枪杀，直到解放后张亮同志才沉冤得雪。1941 年 1 月 4 日，皖南新四军军部直属部队等 9 千余人，在项英、叶挺率领下开始北移。1 月 6 日，当部队到达皖南泾县茂林地区时，遭到国民党 7 个师约 8 万人的突然袭击。新四军英勇抗击，激战 7 昼夜，终因众寡悬殊，弹尽粮绝，除傅秋涛等 2000 余人分散突围外，少数被俘，大部分壮烈牺牲。军长叶挺被扣，副军长项英、副参谋长周子昆突围后在蜜蜂洞被副官枪杀遇难。

项英与周子昆遇害前，还在躲藏的蜜蜂洞内下棋，谈笑风生。叛徒刘厚总将两人杀害后，也没有得到国民党的赏赐，反而被关进了监狱。皖南事变中，军长叶挺被扣，政治部主任袁国平在突围中牺牲。由于濂坑村的群众基础好，副军长项英和副参谋长周子昆来到这里。茂林镇党政办主任王永明介绍说，项英他们在地下党的带领下来到他岳父的父亲姜岳凡（又名姜德贵）家。姜岳凡是地下党，能够充分信任。在姜岳凡家住了三天后，转移到了附近山上的蜜蜂洞。姜岳凡则担负着部分警戒任务。看到国民党部队进山搜查，他便在门口挂一件白色衣服，通知山上人员注意躲避，减少活动；国民党部队走了，他就在门口挂一件红色衣服，表示暂时安全，可以出来活动了。由于这里树密山陡，始终没有被国民党部队发现，然而，项英和周子昆却倒在叛徒的枪下。

事发前一天晚上，项英、周子昆等人还点蜡烛用树枝做的棋子下棋，刘厚总在旁边观看。不料，到了下半夜，刘厚总下黑手枪击三人，将熟睡的项英枪杀，将黄诚击伤。附近的警卫员听到枪声后赶来查看，发现项英和周子昆遇害。因为曾遇到慌张下山的刘厚总，警卫员立即追击，但没有追上。随后，在老乡的帮助下，项英与周子昆的遗体被掩埋在附近。

刘厚总离去后，经过一番周折投奔到国民党太平县党部，随后被送到皖南行署。虽然刘厚总多次表明卖身投敌的心迹，但国民党并不信任他。皖南行署将其递解重庆，关进监狱。直到 1948 年，刘厚总才被军统局本部

重庆看守所释放。关于刘厚总的最终下场，目前有两种看法。一种看法是1949 年刘厚总去江西新余县的一家盐铺当管账先生，1952 年警方识破其身份后被处决。另一种说法是刘厚总出监狱不久被国民党拉去做挑夫，他因不从被乱棍打死。

项英被害

1941 年皖南事变发生后，叶挺军长在被国民党扣留前的 1 月 13 日晚，曾命令遭受突袭的新四军余部将士突围出去。于是，新四军官兵便三三两两地隐蔽在茂林一带山村和丛林中。当时，军部的部分领导人也失散了。几天后，项英、周子昆（新四军副参谋长）等几位军部负责人及其身边的警卫人员会合了，随后又陆续同打散的新四军指战员相遇，共几十人，他们隐在深山里准备同地方党组织取得联系。

1941 年 3 月初，项英、周子昆等一行人转移到南容乡濂坑牛坞村，在村中地下党员的引导下，项英、周子昆、夏冬青（项英的警卫员）、黄诚（周子昆的警卫员）、刘厚总五人隐蔽在村子附近的赤坑山蜜蜂洞内，其余人住在另一山洞里，接着他们分头行动，侦察突围路线，联系地方党组织。

3 月 13 日，夏冬青下山未归，蜜蜂洞内只剩四人，深夜，叛徒刘厚总

趁三人熟睡之际，开枪打死项英和周子昆，黄诚也受重伤。刘厚总抄走他们的武器和经费，下山投降国民党。住在山洞下面的同志闻声赶到山洞，只见项英、周子昆等三人倒在血泊中。他们随即将项、周二烈士的遗体埋葬在距山洞不远的一个石坳里，并加盖了石块。1953 年 7 月，南京军区派项英之子项学诚等人到皖南，找到了项英、周子昆两位烈士的遗骨，将其移往南京建墓安葬。

项英生前担任中共中央政治局委员、东南局书记、中央军委新四军分会书记、新四军副军长（实为政治委员）。在艰苦卓绝的南方三年游击战争中，面对国民党军的无数次残酷"清剿"，项英坚定、沉着，带领红军游击队，依靠群众反"清剿"，屡屡化险为夷。反动派用重金悬赏缉拿项英，也化为泡影。皖南事变后，国民党三战区顾祝同、三十二集团军上官云相和国民党地方政府严令在泾（县）旌（德）太（平）一带搜查清剿流散的新四军，缉捕项英，也没能得逞。项英同副参谋长周子昆，带领作战科长李志高、侦察科长谢忠良和一批警卫人员辗转隐蔽在泾县南部山区，由螺丝坑到濂坑，再到赤坑山，逐渐聚集新四军的失散人员由三十多人到七十多人，建立了党的临时总支部，同地方党组织也取得了联系。痛定思痛，项英对皖南事变中新四军的惨重损失深感内疚，一再表示突围出去后要向中央作检讨。

1941 年 2 月底，在地方党的帮助下，项英、周子昆等在赤坑山暂时隐蔽，策划向江北突围。突围的路线经过侦察初步确定下来了，突围的各项准备工作也已大体就绪。项英隐蔽在山上的一个小洞——蜜蜂洞里。由于洞小，晚间只能住四个人，除项英外，还有周子昆、黄诚（周子昆的警卫员）、刘厚总（副官）住在这里。李志高、谢忠良、项英的警卫员以及其

他人员则分散隐蔽在蜜蜂洞下面的各处。3月14日凌晨，刘厚总趁项英、周子昆、黄诚熟睡之际，向他们开枪，项英、周子昆被打死，黄诚身中两枪，九死一生，幸免于难。刘厚总罪恶的手干了国民党反动派想干而没有干成的事。这是皖南事变后，新四军的又一历史惨剧。

◎ 王懋廷

王懋廷（1898—1930 年），又名德三、茂廷，字正麟，化名材登，笔名正零、齐人。1919 年春入北大预科补习，"五四"运动后参加了"北京大学马克思主义研究会"。1922 年加入中国共产党。后在中国劳动组合书记部北方分部工作。1923 年底，王懋廷到陕西华县咸林中学任教，传播马克思主义。1924 年秋，他到绥德省立第四师范任教，在学生中讲授马克思主义著作。

陕北特别支部成立后，王懋廷任特支负责人，多次到榆林发展党团组织。1925 年冬，中共绥德地委

王懋廷

成立，任地委书记，在陕北创建党的组织。1926 年 3 月到广州，王懋廷任黄埔军校政治部宣传科长兼政治教官，主讲列宁的《帝国主义论》，写了著名的《帝国主义大纲》。同时兼任国民革命军第三军后方留守处政治部

主任。

1928 年夏，王懋廷取道越南，经上海、哈尔滨等地，代表云南党组织出席了在莫斯科召开的中共第六次代表大会。同年秋返回，任中共云南省委书记。为更好地发动各族人民参加斗争，他写了《苗夷三字经》《走场调》《过年调》等宣传文章，开展革命斗争和武装暴动。由于叛徒出卖，1930 年 11 月 19 日他在云南安宁县长坡被捕入狱。在狱中，面对敌人的威逼利诱，视死如归，挥笔写下"拿定主张，把身子献给人类"。1930 年 11 月 31 日，王懋廷慷慨就义。

献身革命

王懋廷出生于云南祥云县下川坝王家庄一个耕读传家的大家庭。其祖父和父亲都是私塾教师，母亲是位聪明勤劳而好强的人。王懋廷有弟兄三人。哥哥名濡廷（号复生），中共早期党员，1920 年与邓中夏、罗章龙等人发起组织北京大学"马克思学说研究会"。1930 年 8 月，牺牲于东北齐齐哈尔。弟弟王馨廷，1922 年考入北大附中，社会主义青年团员，积极参加学生运动，1924 年病逝于陕北绥德。

幼年时期，王懋廷一面在父亲执教的私塾读书，一面积极参加力所能及的农业生产劳动。16 岁时，考入大理中学。18 岁时转入昆明成德中学。到省城后，他仍只是专心读书，不交朋友，不参加社会活动，但已开始阅

读《新青年》等进步书刊，接受新思想的熏陶。1919年王懋廷到北京报考大学，因考期已过，只好补习一年。这一年中，他非常用功，连同乡都很少来往。1921年考入北大预科。

进入北大预科后，王懋廷开始也只专心想学数学物理，想走"科学救国"的道路，他认为科学落后是中国贫穷衰弱的根本原因，决心在自然科学的研究上取得成就，为中国人民造福，为祖国增光。他曾与几个同学组织相对论研究会，对爱因斯坦相对论有较深的认识。后来在革命潮流的影响与推动下，他逐渐认识到"科学救国"的道路是走不通的。促使他思想转变的原因，一方面是由于当时社会大变革的形势，一方面是由于他母亲的病逝给他带来的刺激。他在"母亲墓志"中写道："母亲的死给我以最深的刺激。……张兢生先生告诉我说：'母亲已受旧社会压迫而死，现在还有许多'母亲'像你母亲一样受苦，能够解放社会的'母亲'，就可以安慰思念死了的母亲的情感'，这是我从自然科学的网中解放到社会中来的动机。"

开始时，他在哥哥王濡廷的影响下，参加了北京大学马克思主义学说研究会，担任法文组的翻译。他还多次参加研究会组织的到北京丰台铁路工人区和门头沟煤矿等地找工人访问调查，回来后写成报告或通讯，为研究会开展工人运动提供了具体翔实的材料。他自己也在实践中受到教育，对工人阶级的伟大力量有了进一步的认识，更加坚定地走上了革命道路。在这些活动中，他先后结识了邓中夏、恽代英、赵世炎等著名党的活动家，并由邓中夏介绍于1922年加入共产主义青年团和中国共产党。

在北大上学期间，王懋廷与哥哥王濡廷是互相换着教书来供给读书的，他们先后到陕西华县咸林中学和绥德省立第四师范教书。1923年王懋

廷读完两年预科，就接替哥哥王濡廷到了陕西，先在咸林中学任教，1924年夏，应李子洲（中共早期党员，绥德省立四师校长）之邀，到绥德省立四师任国文教员。在教学中，王懋廷自己编选国文课教材。还向学生讲授《共产党宣言》《国家与革命》等著作中的一些基本观点，并通过各种活动，在学校开蜓新文化活动，宣传马列主义。

1924年秋至1925年初，李子洲、王懋廷等中共党员在师生中吸收霍世杰、乔国桢等十多人为党团员，在绥德先后建立了团和党的特别支部。王懋廷为负责人。在党团组织以及李子洲、王懋廷的领导下，陕北工农群众运动迅速兴起。先在农村发起组织"脚户自保会"，团结广大脚户同军阀、地主豪绅进行斗争，不久又成立了农民协会，同时又积极努力开展工人运动。他先在绥德把建筑绥德师范大礼堂的工人组织了工会，接着又按行业成立了木匠、铁匠、石匠、砖瓦业、泥水业、担水等各种工会。次年冬天，正式成立了陕北工会联合会。

1925年夏，王懋廷离开陕北回到北京，进入北大哲学系学习。在学校里，他为了进一步团结云南旅外青年，组织他们参加党领导下的政治斗争，以推动云南的革命运动，1925年秋，他在原"云南青年团"的基础上，组织了"云南革新社"，创办《革新》周刊。后来为了团结更多的云南青年，将"革新社"改名为"新滇社"，出版《铁花》杂志，宣传新思想、新文化，传播革命理论。他曾以"齐人""正零"的笔名在这两个刊物上发表了不少文章。

在1925年《革新》第一期（创刊号）上，王懋廷以"正零"的笔名发表了《剿匪与国民自卫》《半月来的民族运动》《告云南青年》等三篇文章。在《告云南青年》一文中，王懋廷号召云南青年"团结到革命旗帜下来"，改造社会。1926年2月，中共中央在北京召开特别会议，确定党应从各方面准备北伐战争。为了积极投入这场反帝反封建的革命斗争，王懋廷动员北京及武汉、南京等地的"新滇社"成员前往广州参加北伐战争。这年夏天，王懋廷也到了当时全国革命中心的广州。在黄埔军校担任政治部宣传科长和政治教官，讲授"帝国主义"课程。为讲课的需要，他编写了《帝国主义大纲》的讲。1926年8月至9月，《黄埔日刊》上曾先后刊登了王懋廷的《纪念廖先生多数化精神》《帝国主义讨论题目》《国际青年与本校》等文章。他还为政治部起草了宣传科八月份《工作报告》和九月份《工作计划》等文件。

当时驻广州的滇军朱培德部被编为国民革命军第三军。为了做好滇籍旅外青年学生的工作，为云南地方培训革命干部，广东区委（当时负责领导广东、云南、福建和南洋地区的工作）决定在广州大沙头第三军留守处举办政治训练班，由王懋廷任训练班主任。训练班于1926年冬开学，1927年结业。学员共三十多人。中共广东区委对这个训练班很重视，周恩来、恽代英等同志曾到训练班为学员讲授军运和青运方面的课程。学员结业后，一部分开赴北伐前线，分配在第三军做政治工作，一部分回到云南，成为云南党的骨干。

在北伐胜利进军形势的鼓舞下，全国革命形势蓬勃发展，云南人民革命斗争不断高涨，为了加强对云南人民革命斗争的领导，大沙头训练班结束后，中共广东区委派王懋廷回云南领导党的工作。1927年2月中旬，王懋廷等回到昆明后，决定在原来中共云南省特委的基础上，扩大为中共云南省临时委员会，由王懋廷担任省临时委员会书记。

省临委成立后，首先开办了几次党团员训练班，以加强党内的理论学

习，提高党团员的政治觉悟。王懋廷亲自到训练班讲课。在省临时委会员和王懋廷的领导下，云南省人民也相继建立了各种革命群众性组织。1927年，蒋介石、汪精卫相继发动"四·一二""七·一五"反共政变后，王懋廷根据当时形势的恶化，及早布置同志们及时向农村转移。八一南昌起义、秋收起义的消息和党中央"八七"会议发表的《告全体党员书》先后传到云南，王懋廷及时组织传达了"八七"会议的精神，并作了将工作重点转移到农村的部署，有效地保护和发展了党的革命力量。这时，王懋廷也离开昆明到开远、蒙自、文山等地检查、指导工作。

1928年夏，王懋廷绕道越南经上海赴莫斯科，参加中国共产党第六次全国代表大会。在六大期间，王懋廷是大会宣传委员会和财政委员会的成员。大会结束后，王懋廷返回云南，及时召开了党员代表大会，传达了"六大"精神，并选举产生了中共云南省委员会。王懋廷继续被选为省委书记。同时成立了滇中、滇西、滇南等地的区委和一些县委。

根据"六大"精神，云南省委决定深入农村，在群众工作基础比较好的地方开展武装斗争。王懋廷曾亲自深入到马关、文山等地发动和领导武装起义。为了启发少数民族群众的阶级觉悟，他编写了《苗夷三字经》，用极通俗的语言向兄弟民族宣传了各民族一律平等的思想，号召各族人民团结起来，武装暴动，夺取政权。

经过一段时间的组织发动工作，在省委和王懋廷的领导卜，云南各地相继暴发了武装起义。如1928年在文山的阿加衣，1929年在马关的八寨，文山的小塘子，1930年7月在陆良的旧州、三岔河等地暴发的武装起义。这些起义虽然由于敌强我弱而最后遭到失败，但它沉重地打击了反动势力，扩大了党在群众中的影响。1930年5月，王懋廷来到中越接壤的麻栗坡地区指导工作。在麻栗坡，他与在那里工作的同志商定并亲自草拟了"麻栗坡工作计划"。在工作计划中，王懋廷根据麻栗坡的实际情况，规定了工作策略和任务。

由于叛徒的出卖，1930年11月19日，王懋廷在昆明附近的安宁长坡被捕，被关押在昆明伪省政府新在地五华山看守所内，敌人对他进行了种种威胁利诱，王懋廷坚强不屈，表现了共产党人的铮铮铁骨和耿耿忠心。他在狱中写给父亲的信中说："儿非病死短命，是被人压迫去成仁就义。……古人说：'人各有一死，或重于泰山，或轻于鸿毛！'儿已处此境地，如果要偷生苟活，那就要做出些无廉耻的事情，那时你儿子又有什么脸在人世上……而现时只有拿定主张，把身子献给人类了！"1930年12月31日，王懋廷在昆明英勇就义。

◎ 赵登禹

赵登禹（1898—1937年），字舜臣，山东菏泽人。少时因家境贫寒，未入私塾读书，在家务农并练习式术。1914年，赵登禹到冯玉祥部队当兵，不久被冯玉祥调到身边当其贴身警卫。1930年，赵登禹跟随冯玉祥参加了"中原大战"，战败后冯的部队被整编，赵登禹被任命为第二十九军三十七师一〇九旅旅长，后任第一三二师师长。

1933年初，日军发动"九·一八"事变后又将战火引到了长城一线，企图侵占华北。国民党当局被迫应战，赵登禹奉命率领一〇六旅

赵登禹

从蓟县出发，把守喜峰口阵地。面对日军的猛烈攻击，赵登禹率领战士多次与日军展开肉搏战，坚守住了长城阵地。3月10日，负伤的赵登禹决定乘日军不备偷袭日军营地，并激励战士"养兵千日报国一时，只有不怕牺

牲，才能为国争光。"随后率部冒着大雪偷袭日军成功。

长城抗战后，第二十九军被调回察哈尔省驻防。1935年8月，第二十九军被调到北平地区驻防。1937年7月7日，卢沟桥事变爆发，日军进攻宛平城，第二十九军奋起反击。第二十九军军长宋哲元任命赵登禹为南苑指挥官，坐镇南苑。7月28日，日军调集重兵并动用30多架飞机向第二十九军阵地发起猛攻，从东西两侧攻入南苑，双方陷入肉搏战。此时，赵登禹临危不惧，亲率卫士与日军进行激烈的厮杀。后遭到日军伏击，牺牲于大红门附近的御河桥，牺牲时年仅39岁。毛泽东主席曾称赞他"给了全中国人民以崇高伟大的模范"。

打虎将军赵登禹

赵登禹从小就仰慕岳飞、文天祥等古代爱国英雄，羡慕那些杀富济贫的绿林好汉。他13岁时，拜在一位很有名的武师门下做了徒弟，练功非常刻苦，到16岁就练就了一身非凡的本领。不久，他听说冯玉祥的部队纪律严明，爱护百姓，就约了几个伙伴，徒步走了近两千多里路，终于找到冯玉祥的部队当了兵。他的连长就是佟麟阁。

当兵后，他对自己要求十分严格，苦练各种基本功。加上他有武术的功底，又能吃苦，各种动作都做得准确利索，受到了长官的好评。一次，冯玉祥检阅部队，发现了这个虎背熊腰的大个子士兵，又知道他会武术，

就叫他做了身边的警卫。他出色地完成交给他的任务，深得信任和喜爱，冯玉祥总是亲切地叫他的小名"小三"。在冯玉祥身边，他不但深受冯玉祥爱国爱民思想的影响，并且学到了冯玉祥带兵、打仗的本领。

驻军常德的时候，附近山上有只老虎，常在夜间闯进乡村，伤害人畜，闹得百姓们提心吊胆。赵登禹早就有心为民除害，但一直没有机会。一天，他上山执行任务，走着走着，那只老虎突然蹿出来，当空扑下。赵登禹大喝一声："来得好！"他躲开了老虎的扑袭，一抬手，"砰！砰！砰！"几颗子弹全射中了老虎的要害。老虎呜咽一声，扑倒在地上。赵登禹把死虎扛在肩上下了山。

方圆几十里的老百姓听说老虎被打死了，扶老携幼，敲着锣鼓，来到冯玉祥的部队表示感谢。冯玉祥听说后，专门请来摄影师，让赵登禹骑在死虎身上，拍了照片，还亲自在照片上题上"打虎将军"四个字。

赵登禹能征善战，后来不当卫兵了，就去带兵，排长、连长、营长、团长、旅长，几年之内他就当了师长。受冯玉祥的影响，他治军也十分严明，深受百姓拥护。1931年"九·一八"事变后，赵登禹对日寇的侵略怒不可遏。他抓紧练兵，手把手地把自己的本领传授给士兵，等着和日军开仗。1933年3月，日军向长城进犯。赵登禹接到命令，驻防喜峰口，他率领部队，冒着大雪，以急行军的速度向喜峰口开去。半路上，他看到败退下来的东北军，知道情况紧急，立即命令二一七团火速抢占喜峰口两侧高地。不出他所料，我军刚刚抢占高地，敌人就扑了过来。十几辆装甲车开路，气势汹汹。双方展开激战。几个小时后，正面敌军被击退了。

赵登禹率主力军赶上来，又把部队做了部署，双方继续战斗。敌人冲上来了，士兵们抢起大砍刀，冲入敌群，杀得敌人"哇哇"乱叫。守军夺

回了被攻占的高地。激战中，赵登禹腿部受伤，卫兵们要他下阵地，他却只包扎了一下，又拄着木棍，继续指挥作战。

为了有效地打击敌人，第二十九军决定发挥近战夜战的长处，趁夜晚袭击敌人。赵登禹立即召集团、营长开会，激动地说："抗日救国，是军人的天职，国家养兵千日，用在一时，我们要不怕牺牲，为战死的将士报仇，为父老百姓报仇，为中华民族争光，让日寇尝尝二十九军的厉害！"连日苦战，军官们都已经非常疲劳，但听了赵登禹的话，他们又振作起精神，分头准备去了。入夜，寒风刺骨，赵登禹拄着木棍，身背大刀，走在夜袭队伍的前头，悄悄地接近了敌营。敌人还在睡觉，赵登禹果断地下了命令："冲上去，给我狠狠地杀！"

勇士们如神兵天降，扑进敌人的帐篷。大刀闪着寒光，大显神威。睡梦中的日本兵被杀得尸横遍野。这一战杀死敌人 300 多人，破坏敌炮 18 门，搜出日军侵犯长城一带的兵力部署图，使我军摸清了敌人的力量分配。日本兵被大刀片吓破了胆，后来作战时不但戴钢盔，并且脖子上还戴上钢箍，连睡觉时都不敢摘下来。赵登禹和第二十九军的大刀杀出了威风，声震海内外。

作曲家麦新后来创作了一首歌，叫《大刀进行曲——献给二十九军大刀队》，就是歌颂大刀队官兵英勇杀敌的：大刀向鬼子们的头上砍去！全国武装的弟兄们，抗战的一天来到了！抗战的一天来到了……

奋勇杀敌以报国

长城抗战之后，赵登禹升任一三二师师长，驻军察哈尔张北。日军和伪军不断来挑衅，企图挑起战端。赵登禹在侵略者面前，表现出维护民族尊严和压倒敌人的气概。有一次，两个日本军官路过张北，被中国士兵拦住检查证件。日本人竟然说："大日本军人，不受中国人检查"。士兵们气极了，把他们带到师部。

"他们不讲理，我们就给他们点颜色看看！"赵登禹听完报告说。十名中国士兵，端着上了刺刀的枪，走进关日本军官的房子。日本军官以为要杀他们，吓得贴在墙上不敢动。"预备：杀！"班长下了命令，士兵跟着怒吼："杀！"用枪对准日本军官刺过去，刺刀又在他们面前停住了。日本军官忙闭上眼睛。就这样，10 个人一批，5 分钟一换，100 名士兵把 2 个日本军官当成靶子练起了刺刀。日本军官再也坚持不住了，跪倒在地连声说："我们错了，今后再不敢藐视贵军了。"

还有一次，第二十九军政训处主任宣介溪被日本人抓走。赵登禹听说后，把负责给日本人传话的亲日派陈某叫来，对他说："你去告诉日本人，限两小时内把人送回来。过了两小时，咱们就干了！先把平津一带的日本人杀光再说！"说完，他拿起电话就下达了命令，让部队准备行动。陈某听了，脸都吓白了，赶忙跑去和日本人商量。日本人只好把人放了回来。

1937年7月7日，卢沟桥事变爆发，抗战开始了。赵登禹奉命率部增援，来到北平。这时候，日本已向南苑总部发动了猛攻。赵登禹和副军长佟麟阁一起，坚守阵地，顽强作战。7月28日，日军在坦克、飞机和大炮的掩护下，猛扑过来。赵登禹和将士们在连日的血战中已经杀红了眼，他们放下打热的步枪、机枪，一个个紧握大刀，盯着前方的鬼子兵。300米、200米、100米……赵登禹猛地跳出战壕，挥起大刀，大喝一声："为了死难的烈士，为了中华民族，杀啊！"

　　将士们见师长第一个挥刀冲入敌阵，一个个如离弦之箭，紧紧跟上，把敌人赶出一里多路。赵登禹在激战中，右臂中弹，他拒绝下火线，继续战斗。下午，他与佟麟阁一起率军向大红门转移，不料被敌人包围。佟麟阁先牺牲了。赵登禹率部突围，乘车走到黄亭子时，从路旁高粱地里冲出敌人的伏兵，向他们射击。赵登禹身中十几弹，身负重伤，昏迷了过去。传令兵正要背他下去，他醒过来，艰难地说："不要管我，北平城里有我老母，你去告诉老人家，他的儿子为国战死了，也算对得起祖宗……"

　　赵登禹牺牲了。他不愧是中国人民的好儿子，忠诚的爱国军人。现在北京西城区的一条街道，就是以赵登禹的名字命名的。

◎ 许世友

许世友（1905—1985 年），中国人民解放军高级将领，河南新县人。早年到少林寺习武。1920 年入吴佩孚部队当兵。1926 年到武汉参加国民革命军。1927 年 8 月参加中国工农红军，任大别山区红 31 师 2 队班长。11 月参加黄麻起义。1933 年 7 月任红 9 军副军长兼 25 师师长。参加了长征，任红 4 方面军骑兵师司令员。

在抗日战争时期，许世友于1938 年任抗日军政大学校务部副部

许世友

长。1939 年 6 月任八路军一二九师三八六旅副旅长。1940 年 9 月任八路军山东纵队第 3 旅旅长。1942 年 2 月任山东纵队参谋长。解放战争时期，许世友 1947 年任华东野战军第 9 纵队司令员，华东野战军东线兵团、山东兵团司令员。1949 年 3 月任中共中央山东分局委员、山东军区副司令员。

中华人民共和国成立后，许世友历任华东军政委员会委员，中共中央

山东分局纪委书记，山东军区司令员，中国人民志愿军第 3 兵团司令员，中共中央华东局委员，解放军副总参谋长，南京军区司令员、军区党委第三书记、党委第二书记，国防部副部长，中共中央华东局书记处书记，中共江苏省委第一书记，中共中央政治局委员、中共中央军委委员，广州军区司令员、军区党委第一书记，中共中央顾问委员会常委、副主任，中共第 9 至 11 届中央委员、中央政治局委员。1955 年 9 月许世友被授予上将军衔。1985 年 10 月 22 日在南京逝世。

生平简介

许世友，1905 年 2 月 28 日出生于新县一个贫苦农民家庭里。少年时，他因家贫给武术师傅当杂役，后到少林寺学习武术。大革命时期，参加农民革命运动，担任泗店区六乡农民自卫队队长，参加了镇压土豪劣绅和反击地主武装反扑的农民武装斗争。1926 年 8 月，他在武汉国民革命军第一师第一团任连长时，接受革命思想，于当年 9 月参加了共产主义青年团，投身革命。1927 年 8 月，在革命处于低潮时，转向中国共产党党员，并于当月返回家乡参加工农红军，同年十一月参加了著名的黄麻起义，开始了在人民军队的漫长革命生涯。

土地革命战争期间，1928 年中国工农红军第十一军成立后，许世友同志历任班长、排长、营长、红四方面军第四军第十二师三十四团团长。

1932年率部随红四方面军转战川陕，投入创建川陕革命根据地的斗争。1933年7月任红九军副军长兼二十五师师长，后任红四军副军长、军长，红四方面军骑兵司令员。在徐向前同志领导下，参加了鄂豫皖苏区的创建和川陕苏区的历次反"围剿"斗争和长征。他曾七次参加敢死队，四次担任敢死队队长，四次负伤，表现了为革命奋不顾身的英勇精神。1933年在川陕苏区反"六路围攻"时，他指挥三个团保卫四川省万源城，以与阵地共存亡的气概，运用灵活机动的战术，打垮了在数量上占绝对优势的敌人，坚守三个月之久，在保卫川陕革命根据地做出了重大贡献。1935年8月下旬，毛泽东主席、周恩来副主席率红军右路军长征北上走出草地时，国民党军胡宗南部第四十九师在甘南包座"堵剿"，他奉命率红四方面军第四军，和红三十军一道，与敌鏖战两天两夜，将该敌全歼，打开了向甘南进军的门户。由于张国焘的分裂活动，许世友同志所在的红四方面军先后三次往返于草地，历尽千难万险，备尝艰辛。1936年7月，第三次过草地，他指挥骑兵部队担任前卫，沿途进行了频繁的战斗，为红四方面军渡过艰险、北上甘南创造了有利条件。当他到达陕北后，他进红军大学深造，投入了清算张国焘罪行的斗争。

抗日战争时期，许世友任延安抗日军政大学校务部副部长。抗日战争开始不久，许世友同志随朱德总司令出师太行山，投身于伟大的抗日斗争。1938年10月，他担任八路军第一二九师第三八六旅副旅长，参加了冀南抗日根据地的创建。同年年底，在刘伯承、邓小平同志指挥下进军冀南。1939年2月上旬，他和旅长陈赓同志在威县以南香城固地区，以预伏的方式，诱歼日军一个加强步兵中队，毙敌大队长以下二百余人，生俘八人，给日军以沉重打击，史称香城固战斗。1939年秋入华北党校学习，

1940年9月，他调任山东纵队第三旅旅长，同日、伪、顽在渤海之滨和清河两岸，展开了激烈斗争。1941年春，他指挥胶东地区八路军和地方武装，横扫敌伪。1942年2月，他任山东纵队参谋长。同年十月起，任胶东军区司令员，领导胶东军民开展了艰苦卓绝的游击战争，发展壮大人民武装，粉碎日、伪军频繁的"扫荡"和蚕食，打得敌人心惊胆寒。一九四五年春他率部讨伐国民党投降派赵保原、克万第、战左村，席卷五龙河两岸，清除了胶东抗日的障碍。

解放战争时期，许世友同志历任华东野战军第九纵队司令员，东线兵团（后称山东兵团）司令员，山东军区副司令员、司令员、党委副书记，中共中央山东分局委员。1947年上半年，他在陈毅、粟裕同志领导下，率四个纵队又两个师参加了莱芜战役、孟良崮战役、胶东保卫战等重大战役，在孟良崮战役中，歼灭了国民党反动"五大主力"的王牌军队74师。毛泽东说："陈毅打孟良崮，南边听粟裕的，北边听许世友的。"可见许世友在孟良崮战役中的地位。

许世友接连取得胶东保卫战和张（店）周（村）、昌（乐）维（县）、兖州诸战役的胜利，粉碎了国民党对山东的重点进攻。之后率部进军津浦路，参与指挥了济南战役、即青战役、长山列岛战役，一九四八年九月，他和谭震林、王建安同志一道，按照中央军委和华东野战军指挥部的部署，指挥部队经八昼夜激战，攻克山东省会济南城，歼灭国民党军十万余人，基本上解放了山东省，使华东、华北两大解放区完全连成一片，为中国人民的解放事业做出了巨大贡献。

在长达二十余年的革命战争中，许世友同志南征北战，战功卓著，为新民主主义革命的胜利，为中国人民的解放事业，建立了不可磨灭的历史

功勋。

中华人民共和国成立后，许世友任山东军区司令员。许世友同志于一九五三年三月赴朝参加抗美援朝战争，任中国人民志愿军第三兵团司令员。他参与了当年夏季反攻战役。这个战役在朝鲜金城地区突破敌人防线，促进了朝鲜停战的实现，荣获朝鲜民主主义人民共和国一级国旗勋章，一级自由独立勋章。归国后，许世友同志1954年2月任华东军区第二副司令员，10月任中国人民解放军总参谋部副总参谋长。1955年3月任南京军区司令员。同年，许世友被授予中国人民解放军上将军衔（当时共授予55人上将军衔，后又增加王建安、李聚奎同志），荣获一级八一勋章、一级独立自由勋章、一级解放勋章。1959年9月，许世友任国防部副部长兼南京军区司令员、党委第二书记。

1979年中国与越南间发生的边境战争（大陆称为对越自卫反击战）中，时任广州军区司令员的许世友指挥了东线的战斗，但被普遍认为东线的战绩不如西线杨得志指挥得出色，因而由杨得志继任邓小平总参谋长职务。1982年被选为中共中央顾问委员会副主任。

1985年3月许世友在上海华东医院体检患有肝癌，10月22日16时57分在南京军区总医院逝世，享年80岁。死后，当时的国家领导人邓小平特批许世友土葬，依照遗嘱葬在其母亲坟墓旁，邓小平的批示为，"下不为例"。其著有《许世友回忆录》《我在山东十六年》。

三段情缘

（一）

在许世友结束了少林寺的杂役生涯，回到了生养他的故乡——湖北省麻城县泗水店许家村（今属河南新县），投身到我党领导的农民运动中，担当起革命赋予他的第一职务——乘马岗六乡农民义勇队大队长兼炮队队长。

"男大当婚，女大当嫁"。母亲见儿子长大成人，该成个家了，就四处托亲拜友张罗这事儿。不久，母亲为许世友物色了一位名叫朱锡明的邻村女子。锡明属虎，1901 年出生，比许世友年长 4 岁，天生丽质，勤劳，本分，是村里的妇救会会员。许世友是个大孝子，又加上父亲早逝，就更加孝敬母亲。既然母亲看上了这姑娘，许世友也就谨遵母命依了娘。

1924 年春天，一个春光明媚的日子，在娘的操持下，许世友雇一顶花轿和几个吹鼓手，将朱锡明热热闹闹地娶回了家。婚后，小两口感情甚笃，日子过得和谐美满。

可是，许世友与朱锡明仅度过三天如蜜的日子，就接到了作战命令。告别母亲和新婚的妻子，许世友率部投入了战斗。母亲和锡明在家做军鞋支前，有时还参加洗衣队上前线慰问。在那硝烟滚滚的峥嵘岁月里，锡明只能深更半夜偶尔与丈夫团聚。

朱锡明与许世友共生了三个男孩，乳名都叫"黑伢"，前两个都夭折了。生下第三个男孩，许世友仅见了一面，便迎着阵阵枪炮声，率部撤离鄂豫皖根据地，转入遥远的战场。此后，音讯杳无。

孩子长到3岁了，还没有名字，许母和朱锡明都在盼着许世友回家给取名哩。可是，一天天过去，始终等不来许世友的身影。后来，干脆也叫了"黑伢"。

（二）

如果说许世友的第一次婚姻是母亲包办的，那么，他的第二次婚姻却是自由恋爱的结果。

长征途中，许世友所在的红四方面军与红一方面军会师以后，红一方面军中的众多革命伴侣并肩战斗的情景，对奉行禁欲主义的红四方面军干部影响很大，于是红四方面军总部作出决定，军以上干部可以寻找革命伴侣成家。而早已战功赫赫的许世友当然身在此列。

长征结束，许世友到达延安不久，对投奔延安的四川达县热血女青年雷明珍产生了好感。经人撮合，由相识到相知，由相知到相爱，很快在延安举行了婚礼。婚后，两人你敬我爱，相处如宾。雷明珍平日里好学上进，工作上大胆泼辣，对许世友体贴入微。许世友调任红四方面军骑兵司令后，奉命征收了大批牛羊供部队食用。细心的雷明珍将羊毛收集起来，抓住点滴时间搓成毛线，为许世友织了平生第一件毛衣。

为了培养和造就更多的红色种子，许世友等一大批优秀的红军指挥员进入红军大学（1937年元月更名为抗日军政大学）学习，雷明珍被中央组织部分到延安县负责妇女工作。两人虽不在一块，但感情更深。后在许世友落难受批判时，雷明珍没有给予支持与理解，许世友耿耿于怀。在经毛

主席平反后，便与雷明珍分道扬镳。

（三）

1941年春，许世友率领清河军区独立团挺进胶东。这是他第一次踏上胶东的土地。在山东许世友整整战斗生活了十六年，他的第三次婚姻也是平生的最后一次婚姻，就是从这块英雄的土地上开始的。

许世友整天带兵打仗，生活却因无人照料越来越随便。后勤部长高大山私下里为他在根据地的工厂里物色了几位品貌皆优的姑娘。

高大山对许世友说了这事儿，许世友既不点头也不摇头，骑上马跟着高大山就走。其实，许世友心底里是很感激这位部下的。

第一个目标是根据地的皮革厂。进门以后，许世友顺着高大山的手势看去，只见一位俊俏的姑娘正在那里干活，显得十分专注和认真。许世友对高大山说："就是她吧！"这四个字，像是询问，又像是赞同，其实二者皆有。许世友"一见钟情"，说完策马而去。将军果断的个性，从这次相亲可窥一斑。

这位胶东姑娘名叫田明兰，后来改名为田普，家境贫寒。在部队，她先在胶东军区后勤工厂工作，后到五支队做支前工作。

1943年春天，许世友和田明兰举行了婚礼。婚礼非常简单，没有喜庆的鞭炮，没有亲友的祝贺，有的只是一包喜糖，一杯清茶，还有一帮生死之交的战友。

许世友和田明兰新婚燕尔没几天，就因军务繁忙而匆匆分手。许世友上前方打仗之前，精心安排了新婚妻子的工作。他让警卫员备马将田明兰送到了胶东党校，并亲笔给当时的校长聂凤智写了一封短信："田明兰同志目前随你校行动，请安排她的学习和工作。"聂凤智对老首长许世友十

分尊重，当然对他的夫人也关怀备至。不久，组织上正式给田明兰安排了工作，担任许世友的生活秘书。从此，大家都改口叫田明兰为"田秘书"，都知道是许司令夫人。

田普与许世友婚后相伴四十余年，生有 6 个子女。许世友生前曾感叹地说："田普是我一生的忠实伴侣。"并声言来世还要做伴侣。许世友逝世后，田普在一篇文章里深情地回忆道："正是在抗日战争的烽火中，我们相识了，记得我第一次在胶东五旅见到你时对你还有些敬畏，但你那许多传奇般的英雄事迹却深深地激发了我，其后的几十年内，你成了我的严师诤友。"

◎ 杨靖宇

杨靖宇（1905—1940年），原名马尚德，又名顺德，字骥生，著名抗日英雄，河南确山人。1927年加入中国共产党。曾领导河南刘店秋收起义，任确山农民革命军总指挥、中共豫南特委书记等职。1929年到东北工作。

"九·一八"事变后，杨靖宇先后担任东北反日救国会总会会长、中共哈尔滨市委书记、磐石游击队政治委员、东北人民革命军第一独立师师长兼政治委员、东北抗日联

杨靖宇

军第一军军长兼政治委员、东北抗日联军总司令、第一路军总指挥、中共南满省委书记等职。

杨靖宇在十分艰苦的环境中坚持抗日游击战争，率部长期转战东南满大地，打得敌人心惊胆战，威震东北，配合了全国的抗日战争。日伪军连遭打击后，加紧对东北抗日联军的军事讨伐、经济封锁和政治诱降，同时对杨靖宇悬赏缉捕。在极端艰难的条件下，他以"头颅不惜抛掉，鲜血可

以喷洒，而忠贞不二的意志是不会动摇”的崇高气节，继续坚持战斗。

1939 年在东南满地区秋冬季反“讨伐”作战中，他与魏拯民等指挥部队化整为零、分散游击。自己率警卫旅转战于濛江一带，最后只身与敌周旋 5 昼夜。杨靖宇不愧是真正的钢铁战士，是用特殊材料铸成的共产党员。渴了，抓一把雪吃；饿了，吞一口树皮或棉絮。他于 1940 年 2 月 23 日在吉林濛江三道崴子壮烈牺牲。当残忍的日军将其割头剖腹，发现他的胃里尽是枯草、树皮和棉絮，竟无一粒粮食。为纪念他，1946 年东北民主联军通化支队改名为杨靖宇支队，濛江县改名为靖宇县。

少年时代的杨靖宇

1905 年 2 月 13 日（农历正月初十），杨靖宇出生于河南省确山县李湾村。父亲马锡龄是个纯朴忠厚、善良而又能干的庄稼人，租种了地主几亩薄地。辛苦劳作，勉强度日。在杨靖宇 4 岁的时候，妈妈又生了个小妹妹。杨靖宇 5 岁时，父亲终因常年苦累，积劳成疾，加上没钱买药治病，不幸去世。杨靖宇的母亲勤劳善良、温和而刚毅，农忙时，母亲像男人一样到地里干农活，回到家还得操持家务。母亲时时教育他：做人要有正义感、同情心，要帮助比你更困难的人。

从懂事起，杨靖宇就特别愿听大人讲故事。他非常崇敬抗金英雄岳飞的文武双全，智勇无比，崇拜他率岳家军一次次打败金国的入侵。他痛恨张邦昌、秦桧等卖国求荣之人；他钦佩岳母为岳飞刺字的大义情怀，“精忠报国"四个字深深地刻在他的脑海里。1913 年，杨靖宇 8 岁，母亲将他送到李湾村私塾读书。教书先生刘景臣，给他起学名马尚德，字骥生。

　　杨靖宇深知自己家境艰难，母亲供自己上学特别不容易，若学不好，对不起母亲的一番苦心。因此他学习刻苦，熟读《三字经》《百家姓》《千字文》后，又啃起艰涩难懂的《四书》《五经》。杨靖宇喜欢写毛笔字，空闲时，除了背书就是练字，因此，他的学习成绩、毛笔字在全班是拔尖的。

　　随着年龄的增长，一个谜一样的问题使杨靖宇百思不得其解：自己家和许多农户一年到头拼死拼活地劳动却吃不饱、穿不暖，还时常受欺压，而有钱人什么也不干却要什么有什么，这个世道为什么这样不合理，这样不公平？一次，中秋节到了，租地主地的农户都必须给地主送礼。若不送，地主就会处处找麻烦以致收回土地。杨靖宇的二叔支撑着病体借钱买了 4 盒月饼，让他给姓王的地主家送去。杨靖宇态度坚决地表示不去。当二叔问他为什么不去时，他说："王家是人，咱家不也是人吗？王玉玺吃咱们的、喝咱们的，凭什么还得给他送礼？"当二叔无奈地告诉他这是村子里的老规矩的时候，杨靖宇说了一句令二叔震惊的话：不合理的老规矩就得改了它！

　　1920 年秋，杨靖宇考进确山县立高等小学，所学课程已不是《四书》《五经》等旧式文化典籍。这里开设的国文、图画、音乐、体育、修身等课程，使杨靖宇接触到很多新的知识领域。这所学校的学生中有少数的地主官宦子弟，他们经常仗势欺辱穷人家的孩子。杨靖宇出身贫苦，富有正义感，个头又比同龄学生高出许多，不知不觉中成了穷苦学生的主心骨。

　　一次，一个小同学哭着回教室，他的脸和耳朵红红的，像是被打过。经追问才知道班里有个姓孙的财主家少爷把这个小同学摁倒在地上当马

骑。小同学不干，孙少爷就骑在他身上，揪耳朵，抽打脸。杨靖宇很气愤，下课后找到孙少爷，领他进了一个空教室，把门关上后喝令少爷趴下，让他给自己当马骑。少爷不服，杨靖宇一把将他摁倒在地，挥拳将他好一顿揍。少爷像被杀的猪一样嚎叫，并再三求饶保证今后再也不欺负人了。杨靖宇警告他："今后不许再欺负人，也不准向你老子告状，要不然的话，还揍你！"孙少爷连连点头答应。从此，学校里再没有人敢欺负穷学生。

为抗议日本迫使中国签订丧权辱国的《二十一条》及日本接替德国霸占山东省，挽救中华民族工业，中国人民积极地展开了一场抵制日货的斗争。一天上午，杨靖宇率同学们到火车站和街市搜查日货，宣传购买日货的危害和抵制日货的意义。一位铁路工人告诉他昨夜一个店主拿着县长手谕提走几大包货物，不知里面有没有日货。杨靖宇率同学来到这家商店，不顾店主的软阻硬止，查出的日货全部没收。但这家店主用钱买通了官府，收受了贿赂的反动官府派人出面袒护店主，干涉学生的行动。

杨靖宇怒斥派来的人："身为国家官员，不思报国为民，却为不法奸商说情，还有没有中国人的良心？"来人见杨靖宇软硬不怕，就找来校长，让校长出面管教，制止学生没收日货。校长以不听劝诫就开除学籍相威胁，要求杨靖宇及众学生放弃对该店的查处。杨靖宇毫不畏惧，斥责校长不爱国还反对学生爱国，同时警告校长，若真敢开除学生，就号召全校同学罢课，要求罢免校长。校长又气、又恼、又怕。他明白，时下各地学潮不断，抵制日货是全国人心所向，真把学生激怒了，把事态搞糟，自己只会落个卖国罪名。想到此，校长悻悻而去。杨靖宇和同学们一把火点燃了日货，熊熊烈焰腾空而起，在火光及众人的欢呼声中，杨靖宇感受到了爱国的力量，人民的力量。

· 146 ·

1922 年，17 岁的杨靖宇按家乡习俗和母亲意愿，与杨桥村农家女郭莲结婚。1923 年秋，杨靖宇考入河南省立第一工业学校，到了开封。同年，杨靖宇参加了北京大学马克思学说研究会。1925 年 5 月 30 日，上海工人、学生为抗议日本帝国主义枪杀中国工人的罪行，举行示威游行，英国巡捕开枪镇压，制造了震惊中外的"五卅惨案"。这一暴行，激怒了全国人民，各地民众纷纷举行罢工、罢市、罢课，反帝浪潮迅速席卷全国。6 月 6 日，开封 22 所学校联合召开大会，宣布罢课，会后举行示威游行。杨靖宇是第一工业学校的学生代表，他带领同学们参加支援上海同胞的各项活动，组织募捐，搜查日货、英货，显现出一定的组织领导能力。在开封火车站站前街头，杨靖宇向群众讲述了"五卅惨案"的经过，控诉了日、英帝国主义霸占中国领土，残杀中国劳苦大众的罪行，号召广大群众联合起来，用爱国的行动反抗帝国主义的侵略。他大声疾呼："同胞们，赶快行动起来，拯救我们的国家。我们再也不能忍受了，更不能坐等帝国主义来屠杀我们。同胞们！让我们同心协力举起铁拳，把一切帝国主义都从中国土地上赶出去！"

英雄大义照千秋

1939 年 5 月 1 日，日伪政权在通化设立第八军管区，王之佑任司令官，专门围剿抗联第一路军。9 月，吉林、通化、间岛三省日满军警宪特东边道联合讨伐司令部成立，实施对三省的联合军事围剿，敌人投入兵力

7．5万人。10月，组成通化省讨伐本部，总指挥通化省警务厅厅长岸谷隆一郎率日伪军警及叛徒程斌、崔胃峰、唐振东等大队人马开进濛江，专门打杨靖宇。其行动策略是：同时遇到抗联和抗日山林队，专打抗联，不打山林队；若是同时遇到杨靖宇和其他抗联部队，专打杨靖宇，不打其他抗联。

面对如此严峻的形势，杨靖宇十分冷静、坚定，制定了"保存实力，化整为零，分散游击，粉碎敌人冬季大讨伐"的战略计划。1939年11月22日，杨靖宇率司令部直属部队、警卫旅一团、三团进入濛江，集结于濛江境内。有资料记载的日伪军警宪特计31支部队共2．5万人，杨靖宇部队400余人。这时敌兵层层布阵，路路设卡，张开大网，等待杨靖宇的到来。然而，等待杨靖宇的更大困难是断粮、是饥饿。

杨靖宇所以率部转战濛江，不仅因为濛江山高林密便于隐蔽，利于出击，更因为濛江境内建有各种各样的密营七十多处，储有粮食、布匹、枪械、药品等抗联将士赖以生存的必需物资。但这些密营及物资，早在杨靖宇部队进入濛江前，已被程斌率其部下破坏殆尽。此时，杨靖宇所率部队寒无棉、食无粮、住无处，且天气寒冷。积雪浅处至膝盖，深处到大腿根。冷极了，战士们就在雪地上跑、蹦，但肚子里没有食物，蹦几下就没劲了；困极了，又不敢睡实，否则，就会被冻僵再也起不来了；饿极了，战士们就用刀刮下一块榆树皮，去掉老皮，剥嫩皮放在嘴里嚼，又苦又涩，极难下咽。就是在这极端艰难的处境中，杨靖宇率领他的将士们仍在苦苦地支撑着、坚持着。

为免遭敌人紧歼，杨靖宇决定分兵，派军部警卫旅政委韩仁和与一团政委黄海峰率警卫旅60人移师北上，而自己则率机枪连、特卫排、警卫旅一部及少年铁血队约200人继续留在西岗地区牵制敌人。1940年1月21

日，一路军军部警卫旅一团参谋丁守龙叛变投敌。丁守龙向敌人全盘供出了杨靖宇进入江濛江后的行军路线、活动区域、现在处境及下一步的行动计划，致使敌人对杨靖宇的部署、活动了如指掌，置韩、黄二人挥师北上而不顾，集中全力追剿杨靖宇。

1月29日晨，杨靖宇率部摆脱了几股"讨伐队"追击后，来到金川县马屁股山。行进中，部队误入敌人阵地。杨靖宇沉着、镇静，凭借枪声、喊杀声判断敌人的方位、虚实、多少，机智果断地组织、指挥部队突围。此战，冲出来的部队到达五斤顶子时，只剩60人。2月1日，军部特卫排排长张秀峰携手枪4支、现金9960元及他所掌握的机密文件向濛江县五斤顶子森林警察大队投降。

2月2日晨，程斌大队、申麟舒大队、日本守备队、森林警察队数百人包围了杨靖宇部宿营地——那尔轰古石山区，杨靖宇率部奋勇还击，拼死突出重围。此战后，仅剩30人。2月4日，杨靖宇率部攻打新开河木场，经激烈战斗，夺得一批粮食。途中又与大批敌人遭遇，队伍被打散。此时，杨靖宇身边只剩下15名战士。就在这时，抗联第二路军交通员奉命经艰苦跋涉来到濛江县西岗区，找到了杨靖宇，转交厂总司令周保中写给杨靖宇的信。信中介绍了抗联第二路军及北满地区斗争情况，并建议一路军在环境极端艰苦、斗争实在难以坚持下去的情况下北撤，与二路军会合，背依黑龙江和前苏联，保存实力，以图再战。

2月6日下午，杨靖宇率16人来到一个大木场，他们在靠近山边的木垛中坐下来休息。这时，远处传来枪声，是程斌大队尾追而来。杨靖宇急令将火踩灭，分两队突围。此战后，集结起来的队伍只剩7人，交通员被子弹打碎胯骨，伤很重。天黑后，杨靖宇率6名战士抬着交通员在没膝深的积雪中艰难地行走着，交通员趁大家不注意，拼力翻身摔在雪地上。他说："杨司令，你们快走吧，抬着我，咱们谁也走不出去。你们再不走，我就开枪打死自己。"说着他掏出手枪对着自己的头，杨靖宇轻轻推开他的手，难过地点了点头。

几个警卫员在一个隐蔽、避风的地方用树枝为交通员搭了个小窝棚，杨靖宇让黄生发给他留下一些干粮，对他说："你先在这坚持几天，我们联系上部队就马上派人来接你。"交通员泪眼汪汪，他紧紧握住杨靖宇的手。1940年2月15日，杨靖宇身边只剩下6名战士，而且4人受伤。杨靖宇决定分开走，他让黄生发带领另外3名伤员往回走，避开敌人，找关系住下养伤，并联络部队到七个顶子会合。他带警卫员朱文范、聂东华继续向前走去联络部队。

当天下午，杨靖宇等3人来到大北山下，杨靖宇让两名警卫员去搞吃的，并约定了会合地点后，向山上爬去，当爬到半山腰时，山下传来喊声和枪声。他回头一看，黑压压的敌人追了上来，原来是叛徒崔胄峰带领日军一个讨伐大队六百余人顺地上的脚印尾追而来。杨靖宇飞奔上山，选有利地形隐蔽，同敌人展开枪战。打了一阵，敌人见只有一个人，便停止进攻，喊话劝杨靖宇投降。杨靖宇见太阳已快落山，便将计就计说："让我投降可以，你们派一个人过来谈谈条件。"日军大队副伊藤立功心切，喊道："你等着，我马上过去。"他刚站起身，杨靖宇一枪打中其胸部，伊藤倒地身亡。崔胄峰一看，大叫一声，蹦了起来，刚迈出一步，杨靖宇一枪打断其右腿。趁敌人一阵混乱，杨靖宇钻进了林子里，也就在这时，一颗流弹打中他的左臂。

天已完全黑了下来，夜里气温最低时达零下40℃，敌人的队伍被杨靖宇拖得狼狈不堪。敌人又饿、又累、又冻，逐渐支持不住。行进中，不断有人倒下去，到天亮时，六百余人的队伍只剩下五十多人。2月18日，警

卫员聂东华、朱文范在距濛江县城东南6公里的大东沟附近遇到打柴人赵学安，二人给他很多钱，求他给买些吃的，赵学安答应回村去买。不料，赵学安回村后，即向敌人报告。敌人立即出动包抄，聂、朱二人英勇抵抗，不幸中弹牺牲。

2月22日晚，杨靖宇来到濛江县城西南6公里处保安村三道崴子，在一个破地仓子里度过了他人生中最后一个夜晚。他被严寒冻醒，浑身冷得发抖，想到千百万破碎的家庭和被残杀的同胞，他心中涌起一股怒气和豪情，一定要挺住，活下去。他要吃东西，但他已没力气到外面扒树皮了，他从破碎的棉衣上撕下一团棉花塞进嘴里，干涩、难咽，嗓子火辣辣的，他抓起一把雪放进嘴里，趁雪融化时用力吞下棉花。

23日上午10时，林中雾气渐渐散去，杨靖宇隐隐听到说话声。保安村农民赵廷喜等上山打柴路过这里，杨靖宇喊住了他们，四人被杨靖宇奄奄一息的神态吓了一跳，杨靖宇说："我已经几天没吃东西，饿得不行了，请你们帮忙给我买点吃的，再给我弄套衣服来。"四个人没人敢应声，其中一个胆大点的说："现在你的处境这么困难，不如归顺了吧，归顺了，日本人不会杀你的。"杨靖宇坚定地说："你说的也许不错，但我有我的想法，我是决不能归顺的。就这么办吧，我多给你们些钱，你们把我所要的东西买来。"四人答应了，他们分头离去。

其中一人回村遇到特务盘问，害怕杀头，把情况告诉了特务。特务马上报告了他的上司。日军本部接到报告，认定这人就是杨靖宇。岸谷隆一郎立即派人分五批向三道崴子急进。杨靖宇怀着希望在等待打柴人拿食物和衣服回来。突然，他隐隐地听到汽车声，知道情况有变化，他立即向山上爬去，但没爬出多远，便再也爬不动了。无奈，只好在树丛中隐蔽起来。

下午 3 时 50 分，敌人陆续到达三道崴子，分成两队搜索包抄。走在前面的士兵发现左前方树丛中有动静，便向后招手示意不要出声跟上来。只见树丛突然晃动，一个高大的身影跳起来，向前跑去，敌人在后紧追不舍，杨靖宇边退边还击，最后，他来到遍地乱石的河边，在一棵大树下隐蔽起来。杨靖宇知道突围无望，便趁敌人喊话空隙，点火烧毁身上所带文件。敌指挥官大阪知道，对杨靖宇而言，活捉和劝降都是办不到的，于是下令："干掉他！"

一时间，所有的轻重武器一齐射向杨靖宇隐身处。杨靖宇视死如归，沉着应战，两支手枪不停地射向敌群。20 分钟后，杨靖宇左腕中弹，手枪掉在地上，他顽强地用右手继续向敌人还击。突然，一颗子弹射中他的胸部，他身子一晃，紧接着身上又中数弹，他那高大、魁梧的身躯倒在冰冷的濛江大地上。当时的时间是 1940 年 2 月 23 日 16 时 30 分。将军的遗物有破烂的衣服、3 支手枪、230 颗子弹、钢笔、怀表、指南针、现金 6660 元。经叛徒确认，被打死的就是东北抗联第一路军总司令杨靖宇，敌人解剖了杨靖宇的胃，发现胃里竟然没有一粒粮食，而只有棉絮、树皮。凶残的敌人割下杨靖宇将军的头颅，悬挂示众。

东北地区流行的抗日战歌

（1）东北抗日联军第一路军歌

我们是东北抗日联合军，

创造出联合军的第一路军。

乒乓的冲锋杀敌缴械声，

那就是革命胜利的铁证。

正确的革命信条应遵守，

官长士兵待遇都是平等。

铁般的军纪风纪要服从，

锻炼成无敌的革命铁军。

亲爱的同志们团结起，

从敌人精锐的枪刀下，

夺回来失去的我国土，

解放亡国奴的牛马生活！

英勇的同志们前进呀！

赶走日寇推翻"满洲国"。

这一次的民族革命战争，

要完成弱小民族的解放运动。

高悬在我们的天空中，

普照着胜利军旗的红光。

冲锋呀，我们的第一路军！

冲锋呀，我们的第一路军！

（2）中朝民族联合抗日歌

山河欲裂，万里隆隆，大炮的响声，

帝国主义宰割弱小民族的象征。

国既不国，家何能存，根本没有和平

黑暗、光明，生死线上斗争来决定。

◎ 谢晋元

谢晋元（1905—1941 年），字中民，汉族，广东蕉岭人。民国抗日将领。第二次世界大战期间中国军官。谢晋元毕业于黄埔军校第四期，历任国军排长、连长、营长、副团长、师参谋、旅参谋主任等。民国抗日将领，淞沪会战中以"八百壮士"死守上海四行仓库，鼓舞了人民的抗战热情，后为叛徒杀害，国民政府追赠陆军少将。

谢晋元

忠诚的八百壮士

谢晋元小时候，家里很穷。他父亲是卖杂货的小贩，母亲是渔民的女儿。谢家有九个孩子，父母养不起，没办法，只好由哥哥带着五个妹妹到南洋去谋生，不久后都患病死在了异乡。父母省吃俭用，送谢晋元上了小学和中学。他知道这一切来之不易，所以学习特别用功，成绩也特别好。长大以后，他接受了民主革命的思想，考入了有名的黄埔军校，从此成了一名军人。

毕业后，正赶上北伐战争开始了。他又参加了国民革命军，作战十分勇敢。从排长一直当到了营长。1937年，抗日战争开始后，谢晋元所在的部队，被调到上海。他担任副团长。当时，在上海附近的日军调动频繁，有意向中国挑衅。谢晋元意识到战争随时都会发生，就回家对妻子说："国家的大好河山，已经被日寇侵占了一大片。这样下去，我们就有亡国灭种的危险，我们的子孙就会沦为奴隶。保国为民，努力杀敌，是作军人的天职，你说对吗？"

"当然，如果不能保家卫国，军人还有什么用呢？"听了妻子的回答，谢晋元宽慰地笑了，说："你能知道这个道理，太好了。自古以来忠孝不能两全，当兵的为了国就顾不上家了。为了国家，我已经准备牺牲自己。你和孩子在这里太危险，还是先回家吧！"谢晋元把妻子和孩子送回了老家，来不及安顿一下，就匆匆地返回部队。

1937年8月13日，日寇向上海大举进攻，"淞沪战争"爆发了。谢晋元率部驻守北火车站，坚守了两个多月。10月下旬，中国军队撤离了前线。谢晋元奉命掩护大部队撤退。任务完成以后，他带的一个营被留在闸北，守卫还没被敌人占领的四行仓库。四行仓库是座七层大楼，盖得很坚固。楼的西面、北面都被日军占领了。东边是租界，南面是苏州河，过河也是租界。四行仓库实际上成了一块唯一在中国军队控制下的"孤岛"。谢晋元明白自己的危险处境，给师长写信说："在没完成任务前，我们决不轻易牺牲；任务完成后，一定以牺牲报国！"

他带领大家迅速构筑工事，把所有的门窗都用沙麻包堵死，只留下枪眼。战斗开始前，他情绪激昂地问大家："弟兄们，大部队已经撤离，留下我们孤军守孤楼，你们怕不怕？""不怕！谁怕谁是孬种！""宁愿战死，决不投降！"战士们纷纷回答。"好！"谢晋元带领大家宣誓："我们宣誓：杀敌报国，军人天职，宁愿战死，决不投降……"

一个外国记者悄悄接近了大楼后侧的一个窗口，递进一个纸团。谢晋元打开一看，是问大楼中有多少中国士兵。谢晋元迅速来到窗口，豪迈地对记者说："我们有 800 人！"800 人是一营满额的数字。尽管实际上当时只剩下 400 人，可在谢晋元的心目中，牺牲的战友们一个也没有死，仍然和自己在一起。听说这里只有几百名中国军人，一位守卫租界的英国军官跑来找到谢晋元，说："团长先生，日军超过你们几十倍，你们的抵抗是没有用的。只要你们肯放下武器，可以撤到我们租界里，我们一定保证你们的安全。""谢谢你的好意。"谢晋元说，"作为中国军人，我们的魂，可以离开我们的身，枪决不能离开我们的手。没有命令，我们死也不撤！""你们是真正的中国军人！"英国军官不得不佩服。

10 月 27 日，日军开始进攻"孤岛"了。面对蜂拥而来的敌人，谢晋元毫无惧色，指挥战士们反击。敌人几次冲锋都被击退了，留下了几十具尸体。四行仓库的枪声牵动了租界地的人。租界内的中国人和外国人士站了一层又一层，看中国军人奋勇歼敌的壮烈场面。每打死一个敌人，租界内的中国人中就爆发出一阵热烈的欢呼声。随着一阵阵枪声和欢呼声，谢晋元和"八百壮士"的英名也迅速传开了。

激战一天后，枪声沉寂了。天黑了，壮士们都睡了。谢晋元没有睡，他楼上楼下地奔跑着，检查着每个窗口的情况，查看着伤员，清点着人数。拂晓，他又走出大楼观察敌情，忽然发现两个人影弯着腰正向大楼迁回。他隐藏在暗处，待黑影接近了，才看出是两个偷袭的日本兵。他猛地向前面的一个扑上去，左手抓住枪，右手狠狠地掐住对方的咽喉。后面的那个掉头就跑。谢晋元一枪把他打倒了。枪声使战士们从睡梦中惊醒过来，他们知道团长消灭了两个敌人后，都欢呼起来。又紧张地投入到第二天的战斗中。

上海人民热爱谢晋元和他的"八百壮士"，千方百计给他们支援，送来了食品、药物、慰问信。有个女童子军队员还冒险来到阵地，送来一面国旗。当中国国旗在楼顶升起的时候，观看的群众热烈欢呼。30 日下午，日军派了两艘汽艇沿苏州河向四行仓库靠近，被河上的中国船民发现了。"鬼子要从水上打旧行仓库了，不能让谢团长吃亏呀！"船民们喊起来。他们不约而同地把船开到河面，堵住了通往四行仓库的水路。日本汽艇只好退了回去。谢晋元率领战士坚守了四天四夜，打退了敌人多次进攻，歼灭敌人二百多，自己伤亡却很小。谢晋元的事迹，迅速传到全国，鼓舞了人民抗日的斗志。有人写歌词说：中国不会亡，中国不会亡，你看那民族英雄谢团长……你看那八百壮士，孤军奋守东战场，宁战死，不投降！

孤军营中遇害

1937 年 10 月 31 日，谢晋元他们奉命撤退，离开四行仓库，退到租界地。中外记者把他围住，要求他发表讲话。谢晋元大声说："我们已经做好了与敌人死战的各种准备，就是全体牺牲，也在所不惜！现在的撤退，是因

为租界的安全和政府的命令。但是，我们已经证明了：中国人不是好欺负的！中国的军人是不怕死的！""了不起呀，真是奇迹！"记者们赞叹着。

谢晋元本以为撤入租界后可以绕道归队，继续奔赴杀敌战场。没想到，他们一进入租界，武器就被收缴了。他和士兵们被送进"孤军营"里，不许出来。在防守严密的"孤军营"里，谢晋元没有悲观失望。他照例每天带士兵出操、跑步、训练，锻炼身体。他还写了"富贵不能淫，贫贱不能移，威武不能屈"的条幅，挂在帐篷里，对士兵们说："我们被困在这里，不能给中国丢脸。要保持中国军人的气概，等待重返战场的一天！"

不想几年过去了，谢晋元和壮士们仍然被困在孤军营。已经占领上海的日本人，为了瓦解这支孤军，想方设法要谢晋元屈服。威胁不行，他们就利诱，派几个汉奸对谢晋元说："只要你答应与日本人合作，做什么官都行。""你们是无耻的汉奸，给我滚开！"谢晋元愤怒地说。敌人又扬言，要劫持谢晋元，置他于死地。谢晋元听说后，写下了遗嘱，给父母写信说："大丈夫光明而生，亦必光明磊落而死。敌人劫持之日，即男儿成仁之时。人生必有一死，此时此境而死，实人生之快事也！"

敌人对谢晋元无计可施，又去收买孤军营中意志薄弱的士兵。1941 年4 月24 日早晨，谢晋元照常带大家上操，有四个士兵迟到了。"你们为什么迟到？"谢晋元问。那四个人不回答，却抢起手中的铁镐，向谢晋元头上砍下去！谢晋元倒在血泊中，一个小时以后，停止了呼吸。他为了国家和民族，献出了年仅 37 岁的生命。

听到谢晋元牺牲的消息，人们万分悲痛，上海各界有三十多万人参加了对他的吊唁。全国各地纷纷举行追悼会，很多报纸为谢晋元的牺牲发了特刊。抗日战争胜利后，为了纪念他的功绩，"孤军营"所在的胶州路被改名为"晋元路"，"孤军营"附近的一所中学改名为晋元中学。

◎ 萧 克

萧克

　　萧克（1907—2008 年），原名武毅，字子敬，乳名克忠，湖南嘉禾人。无产阶级革命家、军事家。1926 年参加国民革命军，同年加入中国共产党。1927 年任国民革命军第二十四师连长。参加了北伐战争和南昌起义。土地革命战争时期，历任湖南宜章黄沙堡游击队队长，中国工农红军第四军连长、营长，第一纵队参谋长、第十二师师长，红一方面军独立第五师师长，红八军军长，红六军团军团长，红二方面军副总指挥，红三十一军军长。参加了长征。

　　抗日战争时期，萧克先后任八路军一二〇师副师长、冀热察挺进军司令员、晋察冀军区副司令员。解放战争时期，他先后任华北军区副司令员兼华北军政大学副校长、第四野战军参谋长兼华中军区参谋长。中华人民共和国成立后，萧克历任中央军委军训部部长，中国人民解放军训练总监

部副部长、部长，国防部副部长，中国人民解放军军政大学校长，国防部副部长兼军事学院院长和第一政治委员。1955 年被授予上将军衔。中共第八届中央委员，第十届候补中央委员，第十一届中央委员。中共第十二届一中全会上萧克被选为中央顾问委员会常务委员。

生平经历

1907 年 7 月 14 日，萧克出生于一个清贫的书香门第之家。幼年入私塾，读《四书》《五经》；尔后，上高等小学，就读同善高小（后改同善中学）。1923 年，考入嘉禾甲种简习师范学校。

1926 年初，萧克从简习师范毕业后，参加国民革命军，到广州入国民党军事委员会宪兵教练所。学习毕业后编入蒋先云的国民革命军补充第 5 团，后随军北伐，在辎重股任兵器员。

1927 年初，转到叶挺部国民革命军第 11 军 24 师第 71 团 3 连任政治指导员，随军进至河南前线，与奉系军阀张作霖部作战。

1927 年 5 月 30 日，在作战前线的许昌西郊加入中国共产党。

1927 年 8 月，萧克随叶挺部参加了南昌起义。起义军南下途中任 71 团 4 连连长。南昌起义军起义军在广东潮汕失败后回乡组织发展基层支部。

1928 年初，在嘉禾县组织了中国共产党南区支部，1928 年 1 月任宜章县游击队长并后率一部宜章农军参加朱德、陈毅领导的湘南起义。在与主力部队失去联系的情况下，率领部上井冈山被编入红军第 4 军，历任红 4

军连长、营长、营党代表、第一纵队参谋长等职，参加巩固井冈山革命根据地的斗争。在七溪岭和桂东战斗中先后两次身负重伤。在井冈山的"八月失败"中，红 4 军第 27 团回乡心切，不战而溃，而萧克指挥的 3 营 7 连，却保持完整建制归队，一时传为佳话。

1929 年初，红四军进军赣南、闽西，萧克任支队长、纵队参谋长。在宁都攻城战中，率部首先登上城墙。1930 年春，任红四军第 3 纵队司令员，率领部队进军江西、湖南。萧克利用打仗间隙，针对部队的具体情况，抓紧训练，使第 3 纵队成为红 4 军的主力之一。

1930 年 6 月后历任红 4 军第 3 纵队司令员、第 12 师师长。1931 年 7 月，萧克调离第 3 纵队，任江西红 1 方面军独立第 5 师师长，率领部队英勇作战，有力地配合了红 1 方面军粉碎敌人的第三次"围剿"。1932 年 10 月，任湘赣苏区红 8 军军长。

1934 年 1 月，萧克奉中央军委之令，率领部队北上破袭南浔铁路，在国民党军 46 个整团兵力围追堵截中，率部 4000 余人，纵横驰骋，历时 2 个月，行程 1250 余公里，在极其艰难的条件下，灵活作战，击溃国民党军 6 个团及许多保安团队，捣毁敌人无数碉堡和据点。回师湘赣苏区后，萧克在沙市伏击歼灭国民党军一个旅，击溃国民党军 4 个团，并活捉国民党军旅长侯鹏飞，受到中央军委的传令嘉奖，并获二等红星奖章。

1934 年 8 月，萧克率领部队从江西永新出发，经湖南、广西、贵州，在敌人近 40 个正规团的围追堵截中，穿越敌境 2500 余公里，于 1934 年 10 月与贺龙所率红 2 军团会合，尔后创建了湘鄂川黔革命根据地。并参与领导根据地的历次反"围剿"作战。

1934 年 11 月中旬，萧克在红 2 军团的配合下，率部设伏十万坪，歼国民党军两个旅，击溃国民党军一个旅和一个团，俘国民党军 2000 余人。

在陈家河遭遇战中，指挥部队歼国民党军近一个旅，并击毙国民党军旅长李延龄。在桃子溪奔袭战中，萧克率领的部队仅用 2 个小时，歼灭国民党军人 1 个师部、1 个旅部、1 个山炮营和 1 个步兵团，活捉了国民党军师参谋长周植先。

1935 年 11 月，萧克从湖南桑植出发长征。与任弼时、贺龙、关向应等一起，率领部队声东击西横渡沣水沅江，直插湘中，突破了敌人的包围圈。而后挺进黔东，开辟了黔（西）、大（定）、毕（节）苏区。在将军山战役中，他指挥若定，坚守阵地 7 天 7 夜，迟滞了敌人的进攻行动。还参与指挥了乌蒙山千里回旋战、宣咸城外反击战、普渡河遭遇战及六甲阻击战。

1936 年 7 月，成立红军第 2 方面军，萧克任副总指挥，中央军事委员会委员。北上途中，到红军第 4 方面军任 31 军军长，率领部队参加了郭城驿、蒋家大路、萌城和山城堡战役。

抗日战争爆发后，萧克任第 120 师副师长，与贺龙、关向应一起东渡黄河，开展晋西北的游击战争，参与指挥收复 7 城的战役，创建了晋西北根据地。

1939 年 2 月，萧克任冀热察挺进军司令员，兼任冀热察军政委员会书记，指挥了平西、热河和冀东的游击战争。

1940 年 1 月，萧克指挥部队反击敌人的"十路围攻"，经 14 天激战，歼灭日伪军 800 余人，击落飞机 1 架。在粉碎日伪军的"扫荡"战斗中，萧克率领的部队作战数百次，歼灭日伪军 5500 余人，巩固了平西根据地，开辟平北根据地，发展了冀东根据地，并向热河南部、辽宁西部地区发展，形成冀热察辽边大块革命根据地，为以后东北的解放创造了条件。

1942 年 5 月，萧克任晋察冀军区副司令员，协助聂荣臻司令员开展晋

察冀边区工作，被称为"模范抗日根据地"。同年赴延安，后参加整风运动。1945 年出席中共七大。

解放战争期间，萧克任华北军区副司令员、晋察冀军区第 2 野战军司令员，指挥了张家口保卫战；任冀热辽军区司令员，指挥了平泉战役和叶赤战役。

1946 年 6 月，萧克任晋察冀野战军司令员。11 月，率领主力部队转移到平汉线，在易县、满城战役中，歼国民党军 7900 余人。1947 年 1 月，萧克指挥保（定）南战役，围点打援，歼国民党军 8000 余人，控制了保定以南的平汉铁路 100 余公里，切断了保定、石家庄两地国民党军的联系，使冀晋、冀中两解放区连成一片。同年 4 月，在正太路指挥作战，连克井陉、娘子关、阳泉、寿阳和盂县等城镇，歼国民党军 3.5 万人，控制了正太路全线，使晋察冀和晋鲁豫两解放区连成一片。在大清河和清风店战役之后，夺取了华北重镇石家庄。

1948 年 5 月，萧克任华北军区第 3 副司令员，后担任华北军政大学副校长，协助校长叶剑英为华北、全国培养干部。

1949 年 4 月，萧克任第四野战军兼华中军区第 1 参谋长，在南下作战中，参与指挥了渡江战役、衡宝战役以及广东、广西的追歼战。

1949 年 5 月萧克任第四野战军参谋长兼华中军区第 1 参谋长，参与指挥衡宝、广东、广西等战役。

中华人民共和国成立后，萧克调任军委总参谋部军训部部长。1954 年 10 月后，任训练总监部副部长、国防部副部长，主持全军教育与训练的常务工作。1957 年 11 月任训练总监部部长。1958 年，在"反教条主义"运动中，萧克被撤销部长职务，离开军队。一年后，他被分配到国务院农垦部任副部长。1972 年重返军队，担任军政大学校长。1977 年，军事学院成

立，他任院长兼第一政委。

1955年萧克被授予上将军衔，荣获一级八一勋章、一级独立自由勋章、一级解放勋章。1957年任训练总监部部长、党委书记。

1959年萧克任农垦部副部长。1972年后任中国人民解放军军政大学校长。1977年，任军事学院院长兼第1政治委员，中共中央军委委员。1980年任国防部副部长兼军事学院院长、第一政治委员。1980年8月至1983年6月任政协全国委员会副主席。1988年7月荣获一级红星功勋荣誉章。萧克曾当选第一至三届国防委员会委员，政协第五届全国委员会副主席，中国第八届中央委员，第十届候补中央委员，第十一届中央委员，1982、1987年当选为中央顾问委员会常务委员。

萧克晚年致力于军事学、党史、军史、战史的研究。主编《南昌起义》《秋收起义》《朱毛红军侧记》，发表多篇文章。其著有《浴血罗霄》，获1988年茅盾文学奖荣誉奖。主编百卷巨著《中华文化通志》。出版《萧克回忆录》《萧克诗稿》等。

2008年10月24日12时51分萧克因病医治无效在北京逝世，享年102岁。

2008年11月2日，萧克同志遗体在北京八宝山革命公墓火化，胡锦涛、江泽民、温家宝、贾庆林、李长春、习近平、李克强、贺国强等前往八宝山最后送别。

文学创作

萧克是一位战将。他参加过北伐战争和南昌起义，参与了创建井冈山根据地和保卫中央苏区的斗争。他是我军历史上最年轻的高级指挥员之一：25岁当军长；27岁率领红六军团先遣西征，拉开了万里长征的序幕；30岁率八路军开创革命根据地；40岁参与了指挥第四野战军进军中南、直追穷寇，埋葬蒋家王朝，解放全中国的斗争。在长期的革命战争中，他曾经在朱德、彭德怀、陈毅的麾下工作；做过罗荣桓、徐向前、刘伯承的直接下级；担任过贺龙、聂荣臻、叶剑英的副手。

萧克是一位军事教育家。战争年代，他办教导队，担任过红军大学校长、华北军政大学的副校长，为革命战争和我军的发展壮大培养了人才。解放以后，他首任军训部长，继任训练总监部长；编写条令、创办军校，是我军院校正规化、现代化建设的开拓者。1972年后，他先后担任军政大学校长和军事学院院长。是他最先提出院校的工作要以教学为中心；是他率先倡导要把我军的初级指挥院校办成正规大学，把我军的干部培养成"既能治军又能治国"的军地两用人才。

萧克是一位作家。在枪林弹雨的战争年代，他写下一部长篇小说《浴血罗霄》。这部奇书50年后才得以出版，并于1991年获得茅盾文学奖荣誉奖。萧克是一位诗人，在戎马倥偬的日子里，他偷闲赋得许多动人的诗篇，记下了他的情感和思考，袒露了他的心路历程。萧克是一位书法家。

他的书法笔走龙蛇，直抒胸臆，展示了他是军人又是诗人的个性。萧克还是一位统领文化军团的总指挥。他率领一百多位专家学者，历经8年，编写出一部史无前例的文化巨著——《中华文化通志》。

他好读书，善思索，阅览过大量中外名著，即便在沙场运筹帷幄、指挥鏖战间隙，仍手不释卷。"像周恩来、徐向前和毛泽东一样，萧克是中国人所称的'军人学者'的再世。"萧克将军爱好文学，在漫长的战争岁月中，无论是在运筹帷幄的指挥间隙，还是在关山飞渡的行军路上，他经常抽空读书，先后阅读了大量中外文学名著，如《战争与和平》《少年维特之烦恼》《阿Q正传》等作品。

萧克将军不仅爱看书，对文学创作也一直非常有兴趣。红军时期，萧克在湘赣根据地写过白话诗、小故事等，发表在根据地的报刊上。1985年底，萧克将军从解放军军事学院院长的职位上退下来时，曾作诗自叹："既感事太多，尤叹时间少。虽老不知疲，愈老愈难了。"这"难了"之事，指的便是将军一生所喜爱的文学创作。

萧克将军在文学创作上的成果，最值得称道的便是那本被著名作家夏衍称为"中国当代军事文学史中一部奇书"的《浴血罗霄》。《浴血罗霄》荣获1984—1988年度茅盾文学奖荣誉奖。创作《浴血罗霄》的背景，缘起于前苏联小说《铁流》。西安事变后，萧克将军有机会阅读了前苏联小说《铁流》，书中讲述的俄国工农武装队伍的故事及塑造的红军指战员的英雄形象，都让他激动不已。萧克想，中国革命战争的规模比俄国大，时间比俄国长，影响也比他们深远，完全可以写出中国的《铁流》。经过构思，他决定以第四次反"围剿"时期罗霄山脉红军一支小游击队伍成长的历程为故事主线，以此展现中国革命力量的兴起。

创作过程是非常艰苦的。资料缺乏，萧克就凭着自己的记忆一点点回

忆；没有草稿纸，他就用办公纸、书信纸，颜色不一，大小不等。不久，八路军开赴抗日前线，萧克将军成为平西抗日根据地的主要领导，公务繁重的他只能利用业余时间写作。从 1937 年 5 月动笔到 1939 年 10 月完稿，萧克将军写出了长达 40 万字的小说初稿，书名暂定为《罗霄军》。在随后的四五年中，他先后做了 3 次大修改，无数次小修改。

让萧克和妻子想不到的是，这部千方百计保存下来的小说手稿会给他们带来横祸。1958 年反"教条主义"运动中，那尘封了 21 年的书稿被当作萧克的"罪证"。为取得批判的效果，小说稿被打印出来，还附上"供批判用"的字样，装订成三册"内部"传看，萧克这个被批判者也得到了一套。"文化大革命"时，萧克和他的小说又一次在劫难逃。造反派以路线斗争的新观点批判他和他的小说。为批判萧克，造反派又将书稿拿去油印了数百册。曾有人说，萧克将军的小说是全国唯一一本还没正式出版就被油印了两次的小说。

◎ 许光达

许光达（1908—1969年），原
名许德华，湖南长沙人。1925年加
入中国共产主义青年团，同年转入
中国共产党。1926年入黄埔军校学
习。1927年任国民革命军第四军见
习排长，同年在宁都加入南昌起义
部队，任排长、代理连长。土地革
命战争时期，历任中国工农红军第
六军参谋长，第十七师政治委员、
师长，红三军第八师二十二团团长、
八师师长，红三军第二十五团团长。
1932年赴前苏联，1937年回国。

抗日战争时期，许光达历任中
国人民抗日军政大学训练部部长、

许光达

教育长，第三分校校长，中央军委参谋部部长兼延安卫戍区司令员，中央
情报部一室主任，晋绥军区第二军分区司令员，八路军一二○师独立第二
旅旅长。解放战争时期，许光达历任晋绥军区第三纵队司令员，第一野战
军第二兵团军长、第二兵团司令员。中华人民共和国成立后，许光达历任

中国人民解放军装甲兵司令员兼坦克学校校长和装甲兵学院院长、国防部副部长。1955 年被授予大将军衔。

生平简介

　　许光达，生于湖南省长沙县东乡萝卜冲。他的父亲是个穷苦的农民。他在同族兄弟中排行老五，人称五伢子。因为家境贫寒，许光达 7 岁即当放牛娃，后在其伯父的资助下进入长沙县第一高小，接着又考入长沙师范学校。长沙是当时被统治者视为"赤化很深"的地区，许光达在此读书期间开始接触共产主义。他读了《共产党宣言》，还读了毛泽东与新民学会会员创办的《湘江评论》，深受其影响。1925 年，许光达在长沙加入了中国共产主义青年团，同年转为共产党员。1926 年 1 月，受湖南省委选派，许光达前往广州，考入黄埔军校新生第 2 团，入伍经三个月先期训练后，进入黄埔军校第五期炮科 11 大队学习。1926 年底黄埔第五期学员随广州国民政府迁到武汉，并入中央军事政治学校武汉分校。1927 年 5 月，反动军官夏斗寅发动叛乱，率部进攻武汉。军校学生奉命随叶挺出征，许光达参加了讨夏的纸坊之役，从此开始了他一生的军旅生涯。同年 7 月军校毕业后，许光达被分配到国民革命军第 4 军任见习排长。

　　大革命失败后，许光达从九江尾追南昌起义部队南下，在江西宁都追上起义部队，初任排长，参加了起义军在南下途中进行的会昌战役，因作战英勇，很快接任代理连长。未久，许光达在三河坝战斗中负伤，被组织

安排在一户山村农家养伤。伤愈后，他先后到潮州、汕头、上海、安徽等地寻找党组织，辗转千里，深受颠沛流离之苦。1928年初，在党组织的安排下，许光达等人在安徽寿县的学兵部从事兵运活动。由于工作策略上的失误，他们的活动被人告发。许光达等人被迫紧急撤离。逃亡途中，他再次与党失去联系。9月，许光达在长沙与未婚妻邹靖华完婚。新婚第10天，由于叛徒的出卖，长沙当局派兵缉拿许光达，幸得有人提前通风报信，许光达再次匆匆逃离。其后又经历了数月之久的苦苦追寻，为找党组织，他甚至跑到唐山矿区以挖煤为生，终于在1929年4月在安徽芜湖重新回到了党的怀抱。

1929年7月由组织推荐，许光达进入上海党中央军事训练班学习，结业后正式更名为许光达，以中央代表的身份被派往洪湖苏区从事军事斗争。一进入洪湖革命根据地，许光达就立即投入到对敌斗争中去。战斗间隙，他给游击队员们讲战术、讲战场上的相互协调和火力配备，讲如何利用地形地物等。在洪湖地区，游击队虽然很活跃，但没有统一领导。中央决定把洪湖地区的各路游击队归拢起来，于1930年2月成立了红6军。许光达任参谋长。他充分发挥自己的军事才能，组织了一支精干的军司令部参谋部，平时指导部队训练，演习战术，每次战前都拟定具体的作战计划，对红6军改变游击习气，向正规化军队的转变起了很大的促进作用。

1930年7月，红6军与贺龙领导的红2军会师，组成中国工农红军第2军团，许光达任第17师师长。此后，在一年多的时间里，许光达率部南征北战，战华容、攻长沙、占巴东、收秭归，克荆门，援当阳，转战在湘鄂两地，参与或单独指挥大小战斗数十次。在战斗中，他多次身挑重任。松滋杨林寺一战，他率第17师与敌激战，顶住数倍于己的敌人的进攻，保证了军团指挥部的安全转移。在鄂北马良坪一役中，他率第8师第22团掩护主力撤退，在与上级失去联系的情况下，他机动灵活地掌握战局，于当夜不失时机地率第 22 团攀悬崖突出重围，在深山老林坚持战斗两月余，不仅保住了红军的有生力量，还开辟了一块根据地，受到贺龙司令员的赞许，前委也为此通令表彰他带兵有方，多谋善断。然而 1930 年、1931 年正值立三路线和王明"左倾"机会主义路线在党内统治时期，他们通过派中央代表到洪湖苏区，强迫红军打城市战、堡垒战、阵地战和大规模的平地战，使红 2 军团付出了惨重的代价，革命根据地也大大缩小。数次战斗的失利，使许光达对党内错误路线的瞎指挥有了切身的体验。

1931 年在应城的一次战斗中，许光达亲临前沿阵地指挥，被敌机枪击中，身负重伤。由于根据地医疗条件差，设备简陋，几次手术都未能将体内的子弹取出，1932 年，许光达被党组织辗转送往前苏联治疗。伤愈后，许光达先后入国际列宁学院和东方劳动者共产主义大学学习，在此期间，他对坦克发生了浓厚的兴趣，并学习了坦克技战术。

抗日战争爆发后，在 1937 年 11 月，许光达奉命回国。次年 1 月到达延安，受到了毛泽东的亲切接见。

不久他即受到重用，任中国人民抗日军政大学训练部部长，很快又被任命为教育长。在抗大，许光达努力工作，认真执行中央和毛主席为抗大制订的教育方针，把"坚定正确的政治方向，艰苦朴素的工作作风，灵活机动的战略战术"和"团结、紧张、严肃、活泼"的校风贯彻到学员中去。当时，延安的生活是相当艰苦的，许光达与学员们一起挖窑洞，一起上山砍柴，他身体力行的模范行为对大家是极大的鞭策。抗大为党培养了一批批坚强的革命战士，许光达为此付出了许多心血。

延安时期的许光达不仅在政治上成熟，在理论上也有相当高的造诣。在这里，他发表了多篇军事学术论文，这些文章的突出特点是应用马列主

义的基本原理，结合中国革命的实际来阐述问题。在《战术发展的基本因素》一文中，他开门见山地指出："战术是由班到师的战斗方法，决定战术的因素是人、技术、地形、气候、时间的配合。"他把人的作用摆在了首要的位置，这正是历史唯物论的基本观点。《军队的组织工作》是许光达的又一篇力作，在该文中，他就军队的性质、作用、军队的产生和消亡等问题作了科学的论述，并就我军的组织问题谈了自己的见解，对我军的组织建设是很有价值的，被作为我军建设的重要参考文献。

许光达是那种目光深远、善于思考的人，他对一些问题有自己独到的见解，有清醒的分析，有科学的预见。1939年，第二次世界大战爆发，德军以闪电战术横扫西欧十四国，并对苏联发动突然袭击，一举攻占了前苏联的大片领土，世界为之震惊。一些人认为闪电战所向披靡，是最新的作战方法。而许光达却在1939年7月31日的《新华日报》上发表了《闪电战的历史命运》一文，运用唯物主义的观点，对苏德双方政治、经济、军事等方面的对比进行了科学的分析，认为希特勒的闪电战在苏德战争中必然覆灭。五个月后，前苏联红军就对德军发起了反攻，取得了莫斯科保卫战的胜利，德军元气大伤，直至步步败退、垮台。战争的进程印证了许光达的预见。

1941年，许光达被调任军委参谋部部长兼延安交通司令、卫戍司令。

1942年，抗日战争进入最艰难的岁月。许光达向中央提出到抗日前线去。党中央和毛泽东批准了他的请求，分配他到条件艰苦、对敌斗争激烈的晋西北，担任晋绥军区第2军分区司令员兼八路军120师独立第2旅旅长。这是他第一次独当一面，担任一个地区的最高首长。

第二分区的地理位置十分重要。它面临黄河，与党中央所在地陕甘宁边区隔河相望；东南紧靠晋冀鲁豫，是晋冀鲁豫通往延安的枢纽，也是党

中央与各敌后抗日根据地相联系的唯一通道。同时，这里也是保卫延安的重要屏障。有鉴于此，敌人也很重视这个地区，不断对它进行"扫荡"和"蚕食"，使原来的游击区变成了敌占区，使原来的一些解放区，变成了游击区。毛泽东告诫晋绥军民：必须振奋民心、军心，向敌人采取积极对策，否则，根据地再缩小，前途更糟。毛泽东要求许光达"把敌人挤出去"。许光达到达第 2 军分区后，遵照毛主席的指示，制定了四项具体措施，变被动为主动，派出敌后武工队，深入敌占区，肃清汉奸特务，摧毁敌伪组织，建立抗日政权。同时，他还加强对当地国民党军的统战工作，积极开展练兵活动，努力发展根据地生产，并成功地指挥了第 2 分区的反"扫荡"、反"蚕食"斗争，逐步地把敌人"挤"了出去，巩固、扩大了抗日根据地，壮大了我党在当地的武装力量，开创了晋西北对敌斗争的新局面，出色地完成了中央的战略部署。

抗日战争胜利后，许光达历任军事调处执行部驻太原第三小组、驻本溪第二十九小组少将代表。曾参与与国民党的谈判，用纯粹的外交辞令和美蒋代表谈判。然而事与愿违，全面内战爆发后，中国人民进入解放战争时期。这时，许光达被任命为晋绥军区第 3 纵队司令员，率独2、3、5 旅活动于晋中、晋北地区。在同敌人的浴血奋战中，第 3 纵队打出了军威，称得上是骁勇之师。

1947 年 8 月初，奉中央军委命令，许光达率第 3 纵队西渡黄河，归西北野战军彭德怀司令员指挥，参加保卫陕甘宁边区和党中央、毛主席的战斗。不久，率领党中央机关转战陕北的毛泽东，被挤在三县交界的一个狭小地带，背后是沙漠，西侧是榆林河、无定河，东面是黄河，南北均有敌大军压来，而毛泽东率领的中央机关、警卫部队只有 100 余人，已陷入四面被围的境地。而且，敌人进展神速，包围圈越缩越小，形势空前严峻。

8月16日夜，周恩来亲自打电报给彭德怀，希望彭总派一名得力的将领，火速带兵前来接应和掩护，保护中央机关向安全地带转移。彭德怀告知已派许光达率部前往。

许光达在得到彭总命令后迅即率部冒雨赶到指定地域乌龙铺，他向旅长们交代："哪怕是敌人的炮弹落在身上，也不许后退一步。"当时，许光达的指挥所离中央机关仅隔一条雨裂沟。他指着对面的山梁让大家看：只见一支队伍正在转移。有男有女，有老有少，这正是中央机关。许光达用灼热的目光看着大家，旅长们会心地转身跑回了各自的指挥阵地。许光达指挥第3纵队在乌龙铺以南抗击来犯之敌。抗击战斗从8月18日上午一直打到第二天拂晓，硬是顶住了敌人一个军部及三个旅的轮番进攻，使敌未能前进一步。8月19日，许光达又率第3纵队赶到了乌龙铺和沙家店之间的当川寺阻击敌人。这时第3纵队处境困难，前面有敌第29军刘戡主力压过来，后面是葭芦河。背水一战本是兵家大忌，但许光达及第3纵队指战员决心破釜沉舟，誓死保卫党中央。战斗进行得异常激烈，敌军长刘戡亲自指挥着两个半旅往上冲，许光达则指挥着第3纵队勇猛反击，打冲锋，曾一度打到刘戡的军部，俘虏其警卫连士兵多人，刘戡被牢牢地钉在当川寺一线不能前进。与此同时，兄弟部队在沙家店地区和常家高山歼灭或击溃了大量敌人，取得辉煌战果。刘戡见势不妙，只得掉头回逃。至此，毛泽东和党中央才化险为夷。沙家店战役中，第3纵队在乌龙铺的阻击战打得漂亮，受到了野战军司令部的表彰。

在完成保卫党中央和毛主席的战斗任务后，许光达挥师西进。1947年10月，许光达率第3纵队向清涧开进。清涧的守敌是胡宗南的"王牌"军第76师，师长廖昂是许光达黄埔军校时的同班同学，这位国民党中将被誉为"常胜将军"，他凭着城坚隘险，扬言要使清涧成为解放军前进道路上的一座"坟墓"。10月6日，攻击开始。经过三天三夜的激烈战斗，第3纵队扫清了外围，但此时胡宗南的援兵距这里也只有一日的行程了。为减少伤亡，许光达亲笔给廖昂写信，敦促其放下武器，但廖昂拒不投降。许光达便指挥独2旅以连续爆破手段炸开城门，首先攻入东门，并阻止了敌人的疯狂反扑，战斗至11日，全歼清涧守敌，生俘廖昂。同日，党中央特致电祝贺清涧大捷。

1948年2月，西北战场转入战略反攻。西北野战军在彭德怀司令员的指挥下组织了围城打援的宜川、瓦子街战役。许光达部负责围攻宜川城。为引敌援兵进入我军布好的"口袋"，许光达部署了一个怪打法：开始时猛攻，逼宜川守敌向胡宗南求救；待胡宗南援兵一动，我们就视援兵的速度灵活处置，援兵来得急我们就轻打；援兵来得慢，我们就重打。轻重相兼，不使敌援军脱钩。敌人果然上当。前来援救的敌四个旅、八个团在宜川守敌的紧急呼救下进入了瓦子街预伏地区，被我军全歼。接着，许光达指挥攻城部队发起总攻，一举拿下关中屏障宜川。至此，宜瓦战役取得全胜。此后，许光达又率部一路夺关斩隘，先后参加了陕中、扶眉、兰州等重大战役，为解放大西北做出了重要贡献。1949年2月，西北野战军整编为第一野战军，许光达被任命为第3军军长，6月，又被任命为第2兵团司令员。

中华人民共和国成立后，为了建设一支现代化的国防军，1950年5月，毛泽东在中南海亲自点将，把许光达从兰州召回北京，委派他筹建我军历史上没有过的现代化新技术兵种——中国人民解放军装甲兵。一个月后，毛泽东签署中央军委命令，正式任命许光达为装甲兵司令员兼政委。1950年9月1日，人民解放军装甲兵司令部在北京正式成立。从接受命令的那一刻起，许光达就把整个身心都扑在了坦克上。他不止一次地对同志

们说:"我们要树立终生为装甲兵建设服务的思想,把我们的聪明才智献给装甲兵事业。"

装甲部队组建伊始,困难重重。当时,我军的坦克数量很少,且都是从国民党那儿缴获来的。要建设一支强大的装甲兵部队,几乎是从零开始。身为司令员兼政委的许光达昼夜奔波,诸事亲自筹划。经过短短四个月的艰苦努力,便在全国各大军区建立了坦克师、独立坦克团、独立坦克营以及坦克编练基地、修理厂及坦克学校。之后,许光达又领导组建了华东军区、东北军区的摩托化装甲兵领导机关,还成立了专门培养中、高级指挥干部和技术人员的装甲兵学院和装甲兵工程学院,装甲兵学院院长由他亲自兼任。为了祖国的装甲兵事业,许光达简直到了忘我的程度,他一有时间就深入课堂和教练场,经常亲自给学员上战术课。平时,他带头学技术,年过半百的装甲兵司令员,坚持亲自登上战车参加训练。在他的带动下,坦克部队官兵掀起了学习技术、比武训练的热潮。

1950年10月,我中国人民志愿军开始抗美援朝,这给刚刚诞生的人民装甲兵部队提出了严峻的挑战。为支援我人民志愿军,装甲兵部队党委作出决定:要求部队在三个月内完成一年的训练任务,迅速掌握基本技术,随时准备入朝参战。为此,许光达率领机关参谋人员深入到基层部队蹲点,帮助部队制定科学的训练计划,改革训练方法,突出重点、难点,提高训练质量。1951年1月,装甲兵成立仅仅三个月后就派出一个团去了朝鲜。其后不久,许光达又亲临朝鲜前线,实地考察和研究装甲部队的作战及战场技术保障工作。在装甲兵建设过程中,许光达提出了"没有技术就没有装甲兵"的响亮口号,他认为"技术建设在装甲部队建设中占着头等重要地位"。强调把政治工作与技术工作相结合,许光达是当时提出这一观点的第一人。研制生产出性能先进的国产坦克,一直是许光达的理想和追求。为此，他殚精竭虑，费尽了心血。

1959 年，中苏关系发生了明显的逆转，前苏联撤走了专家，技术和原材料被全部封锁，国家的一些领域建设都受到了严重损失。而恰恰在这时，我国第一台 59 式主战坦克诞生了。多少年来，人们对许光达的这一远见卓识深深敬佩。工人们为了表达对装甲兵司令员的敬仰之心，特意制作了一台国产坦克的模型，装在玻璃罩里送给了许光达。这台坦克模型被许光达摆在了书房最为显眼的地方，它始终伴随着将军，直到走完人生的旅程。当 1959 年举行国庆 10 周年大典的时候，许光达亲自陪同毛泽东站在天安门城楼上，检阅由国产坦克组成的坦克车队。当坦克车队隆隆地驶过天安门广场时，毛泽东紧握着许光达的手，高兴地向这位我军装甲部队的创始人表示祝贺。

英名扬天下

许光达的老首长贺龙这样评价他："光达同志有大革命的经验，有内战的经验，有抗日战争的经验，有解放战争的经验，还有前苏联红军的经验，我觉得应授予大将。"

1955 年 9 月，许光达得知党中央、中央军委决定授予他大将军衔的消息时，对家人说："几十年的风风雨雨，多年和我并肩作战的战友以及更多叫不出姓名的战友都牺牲了！我的这顶'乌纱帽'就是建立在他们流血牺牲基础之上的，我这个幸存者今天已经得到很高的荣誉了，真是'一将

功成万骨枯'啊!"

他曾经几次找长期领导过他的贺龙等老首长"走后门",提出降衔申请,但均未获得同意。无奈之下,他几经思考,提笔给毛主席和中央军委各位副主席写了一份情真意切的"降衔申请书":

军委毛主席、各位副主席:

授我以大将衔的消息,我已获悉。这些天,此事小槌似的不停地敲击心鼓,我感谢主席和军委领导对我的高度器重。高兴之余,惶惶难安。我扪心自问:论德、才、资、功,我佩带四星,心安神静吗?此次,按新民主主义革命时期的功绩授衔。回顾自身历史,1925 年参加革命,战绩平平。1932—1937 年,在苏联疗伤学习,对中国革命毫无建树。而这一时期是中国革命最艰难困苦的时期:蒋匪军数次血腥的大"围剿",三个方面军被迫作战略性转移。战友们在敌人层层包围下,艰苦奋战,吃树皮草根,献出鲜血生命。我坐在窗明几净的房间吃牛奶、面包。自苏联返回后,有几年是在后方。在中国人民解放军的行列里,在中国革命的事业中,我究竟为党为人民做了些什么?

我对中国革命的贡献,实事求是地说,是微不足道的。不要说与大将们比,心中有愧,与一些年资较深的上将比,也自愧不如……

为了心安,为了公正,我曾向贺副主席面请降衔。现在我诚恳、慎重地向主席、各位副主席申请:授我上将衔,另授功勋卓著者以大将。

在中央军委召开的一次会议上,毛主席高扬起许光达的这份"降衔申请书",声音洪亮地对朱德、彭德怀、林彪、贺龙等军委领导说:"这是一面明镜,是共产党人自身的明镜!"

党中央、中央军委没有同意许光达的降衔申请,仍然授予他大将军衔。他鉴于党的决定,接受了这个衔级。后来,他又经过再三申请,总算

是给自己降低了一级薪金待遇。10位开国大将，有9位定为4级薪金待遇，只有许光达定为5级。这样，他才勉强感觉心理平衡了一些。唐朝明君李世民曾经感慨地说："以铜为镜，可以正衣冠；以古为镜，可以见兴替；以人为镜，可以知得失。我常以这三面镜子约束自己，以免犯错误。现在魏征去世了，我失去了一面宝贵的镜子。"这是唐太宗对魏征的赞美。魏征忠言直谏，在历史上传为佳话，被誉为"帝王的镜子"。毛泽东称赞许光达是我们共产党人自身的明镜，与封建时代的魏征不可同日而语。我们坚信，许光达让衔的故事和毛泽东对他的高度评价，也必将为当代和后世的人们所永远铭记。

◎ 杨成武

杨成武（1914—2004年），又名杨能俊，中国人民解放军高级将领，福建省长汀人。1929年参加中国工农红军。1930年加入中国共产党。土地革命战争时期，历任红四军第十二师教导大队政治委员，第十一师三十二团政治委员，红一军团第二师四团政治委员，红一军团第一师政治委员、师长兼政治委员。参加了长征。抗日战争时期，历任八路军一一五师独立团团长、独立第一师师长、晋察冀军区第一军分区司令员兼政治委员、冀中军区司令员。

杨成武

解放战争时期，杨成武历任晋察冀野战军第三纵队司令员、晋察冀野战军第二政治委员，华北野战军第三兵团司令员，中国人民解放军第二十兵团司令员。中华人民共和国成立后，杨成武先后任华北军区参谋长，京津卫戍区副司令员，中国人民志愿军第二十兵团司令员，华北军区参谋长、副司令员兼参谋长，北京军区司令员，中国人民解放军防空军司令员，中国人民解放军副总参谋长、第一副总参谋长、代总参谋长、中共中央军委副秘书长、军委常委、副总参谋长兼福州军区司令员。1955 年杨成武被授予上将军衔。

军旅生涯

　　土地革命时期，杨成武走上了革命的征途。1929 年 1 月，杨成武参加了闽西古城地方武装暴动。暴动队伍后编为闽西红军第三路军，1930 年 3 月编入中国工农红军第四军第三纵队，同年他加入中国共产党。从 1931 年起，杨成武任红四军第十二师秘书、连政委、教导大队政委。参加了中央苏区历次反"围剿"斗争。长征途中，杨成武任红一军团第二师四团政治委员，和团长耿飚共同率领部队担任前卫任务。1935 年 11 月，红军长征到达陕北后，杨成武率红四团参加了直罗镇战役。直罗镇战役胜利后，部队进行了整编，杨成武从红一师抽调到红军大学学习。

　　抗日战争爆发后，杨成武作为"红大"第一期学员提前毕业，奔赴抗日前线。杨成武担任红一师师长。中国工农红军编为国民革命军第八路军，杨成武任八路军第 115 五师独立团团长。他长期坚持在华北地区进行抗日斗争。抗日战争后期，杨成武任晋察冀军区第一军分区司令员兼政治委员，冀中军区司令员，率领部队参加了抗击日军"五路合击"和百团大战。抗日战争结束后，杨成武率领冀中七、八、九分区的主力和六、十分

区一部共 11 团，组成冀中纵队，杨成武任司令员。

解放战争开始时，杨成武任晋察冀军区第三纵队司令员。1947 年 5 月，晋察冀野战军建立了新的领导机关，杨得志任野战军司令员，罗瑞卿任政委，杨成武任第二政委，他们率领野战军纵横华北，艰苦转战，取得了许多振奋人心的胜利。

清风店战役，一举歼国民党军主力部队 1．4 万多人，连同北线打援共歼国民党军 1．8 万多人，成为扭转华北战局的一个关键，为尔后的石家庄战役铺平了道路。石家庄战役中，杨成武所在兵团歼国民党军第三十二师、第三军炮兵营、保安第九团、第十团、保警队和还乡团总计 2．4 万多人。在历时 25 天的张家口战役中，杨成武所在兵团共歼灭敌人 6．5 万多人，俘敌将级军官 13 名，而自己伤亡仅 2900 多人，以小的代价，打了个大歼灭战。此外，他还率部参加了平绥战役、保北战役和正太战役，参与指挥了青沧战役等。

1948 年 11 月，为了适应战争形势发展的需要，华北主力部队整编为 3 个兵团，杨成武担任第三兵团司令员，后又担任第二十兵团司令员。在华北解放的过程中，杨成武始终在前线指挥部队作战，率领部队进军绥远，解放集宁、包头后，回师参加平津战役。太原战役第二阶段攻打太原城时，杨成武指挥部队，采取先穿插、分割，尔后集中兵力歼敌的战术，圆满地完成了战斗任务。

中华人民共和国成立后，杨成武任华北军区参谋长，兼天津警备区司令员、京津卫戍区副司令员、中共中央华北局委员。抗美援朝期间，杨成武任中国人民志愿军第二十兵团司令员，入朝后的第一轮作战是反击联合国军试探性进攻和"特种混合支队作战试验"。在月峰山战役中，美军在北汉江以西，连续 3 天发动了猛烈攻势，二十兵团依托已建立的阵地进行防御，他们的防线始终没有被敌人的坦克、飞机、大炮所突破，胜利地粉碎了敌人的全面进攻，第六十七军 3 天共歼敌 1．7 万多人，重创了侵朝美军第七师，创造了朝鲜战场月歼敌最高纪录。杨成武曾荣获两枚朝鲜民主主义人民共和国授予的一级自由独立勋章。

1952 年回国后，杨成武先后任华北军区参谋长、副司令员兼参谋长，京津卫戍区司令员。1955 年任北京军区司令员，1959 年任中国人民解放军副总参谋长，1966 年起，任解放军代总参谋长、中共中央军委常委、中共中央军委副秘书长。"文化大革命"中杨成武遭到林彪、江青反革命集团的诬陷迫害。1977 年任中共中央军委委员、福州军区司令员。杨成武是中华人民共和国第一、二、三届国防委员会委员，中国共产党第八届候补中央委员，第十一、十二届中央委员，中国人民政治协商会议第六届全国委员会副主席。杨成武 1955 年被授予上将军衔。曾荣获一级八一勋章、一级独立自由勋章、一级解放勋章。1988 年 7 月荣获一级红星功勋奖章。

七年冤狱

杨成武在被打倒之前，刚刚接管部分中央专案，正在按照毛泽东的部署和周恩来的安排，着手进行解放老干部的工作，这也严重地影响了林彪、江青反党集团篡党夺权的阴谋活动。

中央专案组是 1967 年春成立的，主要负责被打倒的中共中央、国务院和中央军委领导干部的立案审查工作。组长是周恩来，副组长是陈伯达，

成员有江青、康生、谢富治、汪东兴等人。下设一个专案审查办公室，由谢富治任主任，汪东兴、戚本禹、严佑民、萧孟任副主任。

1967 年 10 月初，毛泽东在人民大会堂 118 厅召开中央领导和"中央文革小组"成员会议。会上，毛泽东重申在视察大江南北途中多次讲过的话：明年春结束"文化大革命"，接着召开党的第九次代表大会。明确指示：专案要清理，除了有问题的，很多老同志都要参加，贺龙、邓小平、乌兰夫都要当中央委员，并指示周恩来负责九大的筹备工作。会后，周恩来立即在怀仁堂西大厅"中央文革小组"碰头会上，部署解放老干部的工作，说："为了加快进度，尽快弄清一批老同志的问题，解脱他们，完成九大的准备工作，把专案分出一些，请军队帮助。"并指定杨成武负责。

"军队的工作很忙，过去我又没管过专案的事，不了解情况，也不熟悉这项工作。"杨成武以此为由推托。

周恩来说："我的事更多，你不清楚，还有别人，又不是要你具体管嘛，你督促一下就行了。"

"过去的情况我都不清楚，要我负责确实有困难。"

"成武啊，你是不是要把我累死啊！你帮助我做些工作嘛，你比我年轻好多嘛！"周恩来的表情有些严肃。

"既然这样，我尽力去做吧，多向你请示报告。"

10 月 21 日，中央正式决定成立"二办"，同时将原来的专案审查办公室改称"一办"。就这样，杨成武担任了中央专案组第二办公室主任。由一办分过来的专案有：饶漱石案，彭德怀、黄克诚案，罗瑞卿案，叶向真案，汪金祥案，解方案，贺龙案，四三案，无线电案，刘志坚案，共 10 个专案。他接手后，为加快工作进度，便抓紧组建充实组织机构，从全军选调得力干部，加强领导工作。到年底，陆续调来 200 多名各级干部。在他们投入专案工作之前，杨成武在会议上要求他们：一定要有高度的政治责任感，严格遵守党的政策；尊重被审查人员，不准搞逼供信，办事严肃认真，实事求是，不搞假材料；要注意调查研究，不带个人和社会偏见，重证据，以事实为依据；努力工作，加快进度，力争在九大前查清绝大部分专案，解放绝大多数老同志，完成毛泽东、周恩来交给的政治任务。会后，各专案组全力以赴地投入专案的清理工作。

就在二办的工作刚刚步入正轨的时候，杨成武即被林彪、江青一伙打倒了。杨成武离开二办后，林彪的死党黄永胜接替二办主任的职位。此后，二办即被黄、吴、叶、李、邱接管把持了。由此造成许多专案涉及的大批老干部未能得到解放，九大的召开也推迟了，而最悲哀的是"文化大革命"也无限期地被他们别有用心地延续下去了。

1968年3月22日深夜，邱会作和李作鹏奉林彪的命令，带领武装人员包围杨成武的住所，把他押解到人民大会堂，随后又拘禁了他的母亲、夫人、子女及妹妹、侄儿共11人。

历史评价

杨成武作为一代名将，他的名字家喻户晓。他15岁参加革命，17岁就当了团政委。毛泽东第一次见到他，就称赞道："你是团政委啊，这么年轻。"在血与火的革命斗争岁月中，他结合革命战争实践，认真学习和体会毛泽东军事思想，使自己逐渐成长为一名坚定的共产主义革命战士和

我军的优秀指挥员。在二万五千里长征中，他率领英雄的红 4 团抢渡乌江、飞夺泸定桥，突破天险腊子口，屡建奇功，威震敌胆。

杨成武将军不仅实战经验丰富，而且在许多军事理论上也有自己独到的见解，他广泛阅读和研究了中外军事名著，出版了《杨成武军事文选》，其中选入了反映他在革命战争年代留下的 57 篇著述，国内外曾有人把他说成是"上马击狂胡，下马草军书"式的善战能文的将军。杨成武将军晚年仍读书不止，笔耕不辍，写了不少回忆录，如《忆长征》《敌后抗战》《冀中平原的地道斗争》《反攻进攻曲》《战华北》《新的使命》及《杨成武回忆录》等著作。这些著作既是革命战争时期宝贵的历史资料，又是进行爱国主义和革命传统教育的生动教材。不管是革命战争年代还是在和平建设时期，杨成武将军不乏锦心文思，不时写些诗词、联语，以抒发自己的情感。其间，出版了《杨成武诗词、联语选》。